SELECTIVIDAD LENGUA CASTELLANA Y LITERATURA

PRUEBAS DE 2001

Lourdes Yagüe

ANAYA

ÍNDICE

INTRODUCCIÓN

La mayoría de los alumnos, tras haber superado el Bachillerato Logse, deciden afrontar la Selectividad para poder acceder a estudios universitarios. En ella han de demostrar su madurez académica y los conocimientos adquiridos en las materias comunes y de modalidad. La editorial Anaya, con el fin de ayudar a quienes desean vencer las dificultades de esta prueba, publica el presente manual en el que se recogen los exámenes de Lengua Castellana y Literatura de la convocatoria de junio de 2001.

Algunas orientaciones metodológicas para realizar con éxito la prueba

La prueba de Lengua Castellana y Literatura, común a todas las modalidades, tiene una duración de hora y media. Está concebida para evaluar destrezas académicas básicas tales como la comprensión de conceptos; la capacidad de análisis, relación y síntesis; la expresión de ideas; el comentario crítico sobre lo expuesto en un texto y la demostración de conocimientos sobre contenidos de Lengua y Literatura relacionados con este. No es difícil de superar si el alumno ha ejercitado previamente estas habilidades que se le exigen durante los dos cursos de Bachillerato.

Algunas comunidades autónomas ofertan dos exámenes diferentes al alumno para que realice el que le resulte más sencillo; otras, en un intento de facilitar la elección, ofrecen un único texto aunque con dos repertorios distintos de preguntas. En ambos casos, el estudiante debe tomarse unos minutos para leer lo que se le oferta, valorar el grado de dificultad que entrañan las cuestiones que se demandan, y realizar una elección adecuada y definitiva que mantenga hasta el final. Son bastantes los estudiantes que por no hacer esto pierden mucho tiempo y aumentan su nerviosismo cuando, transcurridos bastantes minutos del examen, comprenden que su elección no ha sido acertada y deciden desarrollar la opción que descartaron en un primer momento.

No está de más recordar que el papel del que se dispone no es ilimitado, por lo que habrá de distribuir previamente el espacio que se va a dedicar a cada una de las respuestas.

El alumno debe tener presente en todo momento que la claridad conceptual de la exposición, la coherencia de las ideas, el rigor expositivo, el dominio de un amplio y variado vocabulario con terminología específica de la materia, y la pulcritud en la presentación del ejercicio son aspectos que se evalúan, al igual que los conocimientos lingüísticos o literarios.

Es conveniente, antes de hacer la redacción definitiva, elaborar un guión previo con los puntos que se van a tratar en cada una de las preguntas; así se estructurará mejor el examen y se controlará adecuadamente el tiempo del que se dispone.

Del mismo modo, una letra legible facilitará la labor del corrector y redundará en beneficio del propio estudiante ya que su ejercicio podrá ser juzgado con mayor ecuanimidad.

A través del *comentario de texto* se evalúa la capacidad de comprensión, síntesis, análisis, relación y expresión de ideas, habilidades en las que el examinado deberá mostrar su destreza. Las pruebas de las distintas comunidades autónomas suelen concretar en enunciados lo que desean; la intuición y los conocimientos del alumno serán las claves para resolverlos.

Es conveniente leer el texto varias veces y subrayar lo más importante antes de contestar a las preguntas que se hagan. Preguntarse qué dice el autor, por qué lo dice y cómo lo expresa puede facilitar mucho la labor posterior. Algunos consideran erróneamente que esto es una pérdida de tiempo, pero no es así; una lectura atenta puede evitar muchos desaciertos.

El *resumen del contenido* sirve para medir la capacidad de síntesis del alumno. Consiste en exponer brevemente lo que dice el autor con palabras sencillas, sin enjuiciarlo ni añadir información externa a él. Su extensión dependerá del escrito propuesto pero, de forma orientativa, de tres a seis líneas será suficiente; en todo caso, siempre ocupará menos de una tercera parte de la magnitud del texto que se deba resumir. Los tribunales suelen establecer determinadas penalizaciones para quienes sobrepasan estos límites o se limitan a copiar "literalmente" las palabras del escritor.

El *tema o título* recoge la esencia del texto en un enunciado conciso y sencillo. Como orientación, unas diez palabras suelen ser suficientes para expresarlo con precisión. Si se ha acertado en el resumen, resultará fácil condensar aún más lo básico de este. A veces el propio autor puede darnos alguna pista con el título que él mismo pone como cabecera del escrito, pero esto no ocurre siempre. Si se tiene dificultad en localizarlo, no hay que preocuparse ni perder tiempo en ello, se debe pasar a la estructura u organización de las ideas porque, seguramente, cuando se haya resuelto esta cuestión, se habrá entendido mejor el contenido y se habrá localizado.

Con *la estructura u organización de las ideas del texto* se comprueba la capacidad de comprensión, reflexión, análisis, síntesis. En algunos casos se alude a esta con el enunciado "conversión de cada párrafo del texto en un punto de guión", "esquema de la estructura del texto, en el que se visualicen las distintas partes y sus contenidos" o se pide que se enumeren las ideas esenciales jerarquizándolas en un esquema. Se valora en la respuesta la adecuada identificación, caracterización y clasificación de las partes de las que consta el escrito y la jerarquización que se establece entre ellas.

El comentario crítico del texto pone de manifiesto la capacidad reflexiva del alumno, su madurez personal y expositiva y el uso que hace de la lengua. Con él se valora la capacidad del examinado de enjuiciar lo expuesto por el autor, apoyándolo, matizándolo o refutándolo de forma razonada, pertinente y rigurosa; la habilidad para argumentar o fundamentar su propia opinión con puntos de vista originales que pongan de manifiesto su cultura y percepción del mundo que le rodea.

En ocasiones, al margen del texto propuesto, se pide simplemente que se manifieste la opinión sobre algún tema de interés o actualidad; es decir, que se realice una argumentación.

Suelen penalizarse los tópicos o lugares comunes, la falta de coherencia y cohesión en la redacción y el inadecuado registro idiomático. También el que se utilice el texto como pretexto para comentar otros temas que no guarden una relación directa con lo que se solicita.

Algunas comunidades hacen hincapié en la relevancia y actualidad de tema tratado, la caracterización del tipo de texto según su tipología la coherencia y cohesión del texto, etc. En este caso, es necesario justificar las respuestas dadas con elementos extraídos del propio texto.

Con *las cuestiones de lengua* se mide el nivel de conocimiento o reflexión que el estudiante muestra sobre determinadas cuestiones lingüísticas en los niveles fonético-fonológico, morfosintáctico, léxico-semántico y pragmático, a partir, generalmente del propio texto analizado. Son frecuentes las preguntas sobre la formación y componentes de las palabras, su significado, las funciones del lenguaje, etc. Bastantes comunidades autónomas incluyen en sus pruebas el análisis sintáctico.

Las preguntas sobre literatura se centran en el temario del segundo curso de Bachillerato. Tienden a ser muy generales: movimientos literarios, autores u obras leídas y analizadas por los alumnos, lo que no quiere decir que el alumno deba ignorar los títulos de las obras más representativas de cada autor. El alumno debe diferenciar perfectamente los géneros literarios para evitar confusiones entre estos que podrían ocasionarle la anulación de su respuesta. De gran utilidad son los esquemas previos que ayudan a organizar el contenido.

Diez minutos antes de finalizar el examen debe hacerse una lectura final de todo el ejercicio para cerciorarse de que se han respondido todas las preguntas; dejar cuestiones sin contestar es un grave error del que no es consciente muchas veces el alumno.

No sobra recordar que el corrector califica cada examen en función de lo que el alumno ha escrito puesto que desconoce la identidad de quien lo ha realizado. Una buena presentación, amplios márgenes y separación entre las preguntas, la ausencia de tachones, una buena puntuación, una correcta ortografía, y un vocabulario variado y apropiado evitan penalizaciones desagradables en la calificación final.

Las soluciones de las pruebas en este libro

En este libro se recogen las pruebas que las diecisiete comunidades autónomas con competencias educativas han realizado en la convocatoria de junio de 2001. Buscando mostrar la mayor variedad posible, se resuelve siempre una de ellas, en algunos casos las dos, para que el alumno pueda encontrar modelos suficientes y preparar con éxito su propia selectividad.

Conviene recordar que no existen recetas mágicas para hacer buenos comentarios de textos y que en la resolución de estos entra siempre la subjetividad y los conocimientos previos de quien realiza el comentario, por lo que el enfoque que se puede dar a cada uno de ellos es variado. Así pues, la solución que se aporta aquí a cada una de las pruebas, es una de las posibles –la que podría realizar un estudiante de segundo de Bachillerato LOGSE–, la cual puede ser tomada como guía para solucionar otras parecidas pero en ningún caso es la única ni agota todas las posibilidades existentes.

La terminología lingüística que hemos empleado es la que aparece con más frecuencia en los libros de texto que están actualmente en el mercado, huyendo de los términos específicos de los especialistas de la materia.

Las preguntas relativas a literatura o a las lecturas de determinadas obras literarias las hemos dejado sin contestar porque el alumno puede encontrar la solución con facilidad en cualquiera de los manuales que haya utilizado o en los apuntes de clase que le haya facilitado el enseñante.

1

ANDALUCÍA

PRUEBA DE SELECTIVIDAD

ACLARACIONES PREVIAS

a) Duración de la prueba: 1 hora y 30 minutos.

b) Antes de iniciar el ejercicio, lea atentamente el texto y cada una de las cuestiones.

c) La puntuación de cada pregunta está indicada en ellas.

ANIMALES

En Derecha e izquierda, *Bobbio pide que el hombre revise su relación con los demás animales, principio del fin de la hegemonía humana dentro de la gran chapuza de la creación en la que los seres vivos y móviles sobrevivimos por el procedimiento de comernos a otros seres vivos. Desde la melancolía de la senectud, el instinto de supervivencia se ejerce a partir de una radical tristeza ante tantas cosas que pudieron haber sido y no fueron, y pedir un mejor trato para los animales incluye, sin duda, un mejor trato para el ser humano. Pero dan que pensar las* vacas locas *como metáfora de la civilización del desprecio, en la que ni las coacciones telúrico-religiosas, ni las legales, son suficientes para contrarrestar la pulsión del beneficio como dictado fundamental de la conducta, fundamental incluso para altísimas instancias del Estado, el depositario y garante de la ética colectiva, que han conspirado contra la salud pública para que no bajaran los precios de los filetes y las chuletas, así en el Reino Unido como en Europa y como en los cielos.*

Las vacas locas *han abierto además una ventana sobre la trastienda de la conducta carnicera del animal humano cuando se relaciona con otros animales a los que comerse. Entre la variedad de cementerios furtivos de* vacas locas *o sospechosas de serlo, aparece uno que no es clandestino, sino una fosa para vacas muertas independientemente de su estado mental; por ejemplo, cuenta quien puede contarlo:* ahí están nueve terneras que murieron en el transcurso de su traslado de Galicia a Cataluña. *Cada día se lanzan a las carreteras camiones cargados de ganado, y cuando los vemos pasar deberíamos musitar un epitafio por los animales que llegarán muertos y serán salchi-*

chones o hamburguesas o simple carne de pudridero. Al parecer, no hay veterinarios ni Guardia Civil suficiente para impedir estas caravanas de la muerte acentuadas por la crueldad del homínido traficante de esclavos, blancas vacas y cerdos. Llegará un día en el que los animales libres en la libre naturaleza nos alimentaremos con pastillas de bacalao al pil pil o de heno fresco y dejaremos de comernos los unos a los otros. Aún así, ojo: el hombre omnívoro merecerá una vigilancia especial.

Manuel Vázquez Montalbán: El País.

Cuestiones

1 Escriba un breve resumen del texto (Puntuación máxima: 1 punto).

2 Indique el tema y la organización de ideas en el texto (Puntuación máxima: 2 puntos).

3 Comentario crítico sobre el contenido del texto (Puntuación máxima: 3 puntos).

4 Desarrolle una de las siguientes opciones:

a) Analice las relaciones oracionales del siguiente fragmento: *Llegará un día en el que los animales libres en la libre naturaleza nos alimentaremos con pastillas de bacalao al pil pil o de heno fresco y dejaremos de comernos los unos a los otros.*

b) Explique la composición léxica de las siguientes palabras: *disgrega, incorpora, enriquece, empobreciendo* (Puntuación máxima: 2 puntos).

5 Responda a una de las dos cuestiones siguientes:

a) Explique el sentido y el valor expresivo de la siguiente imagen metafórica: *Las vacas locas han abierto una ventana sobre la trastienda de la conducta carnicera del animal humano.*

b) Explique el sentido y el valor expresivo de las siguientes paradojas: *principio del fin* y *sobrevivimos por el procedimiento de comernos a otros seres vivos* (Puntuación máxima: 2 puntos).

A CONTRATIEMPO

Este poema tiene un son
que no es el suyo. Imaginad
que estamos bailando un bolero.
Pero la música que suena
yo no la oigo: es otro ritmo,
otro compás, el que yo llevo.
Bailo a destiempo, a contratiempo.

Mi pareja se queja porque
la estoy pisando. ¿Cómo puedo
decirle que escucho una música
que ya sonó o no sonó nunca?
Nos sentamos. No nos miramos.
(No nos veríamos).

El son
de este poema no es el suyo:
llevamos músicas distintas.
Por eso el baile es imposible
y debo desistir.

José Hierro: Cuaderno de Nueva York.

Cuestiones

1 Escriba un breve resumen del texto (Puntuación máxima: 1 punto).

2 Indique el tema y la organización de ideas en el texto (Puntuación máxima: 2 puntos).

3 Comentario crítico sobre el contenido del texto (Puntuación máxima: 3 puntos).

4 Responda a una de las dos cuestiones siguientes:

a) Analice las relaciones oracionales del siguiente fragmento:
Este poema tiene un son
que no es el suyo. Imaginad
que estamos bailando un bolero.

b) Conjugue las siguientes formas verbales del verbo *oír:* imperativo, presente de indicativo, presente de subjuntivo y pretérito imperfecto de subjuntivo (Puntuación máxima: 2 puntos).

5 Desarrolle una de las siguientes opciones:

a) La poesía en el siglo xx: de la generación del 27 a nuestros días.

b) Recursos métricos y estilísticos más relevantes del texto (Puntuación máxima: 2 puntos).

SOLUCIÓN DE LA PRUEBA

1 Tras el proceso creador poético, José Hierro muestra la imposibilidad de adecuar fondo y forma en el poema y, por extensión, el mundo interior y exterior del poeta.

2 La imposibilidad de armonizar deseo y realidad, o la falta de armonía en la dualidad poética y humana.

Organización de ideas en el texto: En el poema se pueden observar tres partes:

1ª. Abarca los dos primeros versos. En ella se pone de manifiesto el fracaso de la creación poética, la no consecución del *son* adecuado del poema.

2ª. Se extiende desde el verso segundo hasta el decimotercero. Mediante el ejemplo del baile del bolero se racionaliza e intenta explicar la esencia de esa dificultad que imposibilita la consecución plena del poema y de la felicidad del poeta.

3ª. Desde el verso decimotercero hasta el final. Se asume el fracaso y la imposibilidad de conseguir el son apropiado.

3 Respuesta abierta. Pero puede enfocarse como se indica a continuación.

Antes de iniciar el comentario, es conveniente recordar que el poema se incluye en la segunda parte de *Cuaderno de Nueva York,* cuyo título, "Pecios de sombra", sirve de preludio a una serie de poemas en los que José Hierro bucea en su interior: en sus recuerdos, sus sueños, sus sombras... *Pecios,* 'restos de una nave naufragada o de lo que iba en ella' trae a la memoria la sensación de una vida rota, destrozada y a la deriva... *Sombra* surge de la evocación de un verso de Antonio Machado: *"De pura sombra, ¡oh pura sombra! lleno"* que el poeta recoge para reforzar la idea de oscuridad, soledad, nostalgia, privación del Paraíso, el vacío y la nada que rodean al ser humano. Todo ello visto desde la percepción de una persona madura que reflexiona sobre el transcurrir de la vida tras haber tomado conciencia de la muerte.

José Hierro es uno de los principales poetas de posguerra, junto a Gabriel Celaya, Blas de Otero, Rafael Morales, Eugenio de Nora, Carlos Bousoño, José María Valverde, Luis Rosales, etc.

Centrándonos ya en el texto, la locución adverbial que sirve de título al poema, *"A contratiempo"* –empleada principalmente en música, cuando la duración de una nota se extiende a dos tiempos del compás, no comprendiendo sino una parte del primero– anticipa la esencia de este: el desajuste existente entre lo que se desea y lo que se logra o se tiene.

Se recrea un presente durativo cuya acción, iniciada en un pasado impreciso se prolonga a lo largo de un tiempo igualmente indefinido hacia el futuro; es pues, un poema atemporal. El espacio tampoco está delimitado por coordenadas geográficas, podría situarse lo mismo en Nueva York que en otra parte del mundo.

En los dos primeros versos se muestra el resultado insatisfactorio del proceso creativo. Parece como si el poema hubiera surgido de un impulso interior, obligando al poeta a darle forma, sin que este haya sido capaz de hacerlo adecuadamente porque el poeta, aunque sepa su oficio, precisa siempre la *inspiración,* algo que, como afirmaban los románticos no se logra siempre que se quiere. De lo que el poeta se queja no es de no saber dar forma a un poema sino de no ser capaz de plasmar una música o quizás una emoción –resto de sombra naufragada rescatada a través de la memoria–, que le ha impulsado a tomar la pluma para ofrecerla a los demás, dándole la "letra" precisa. La toma de conciencia de que el son del poema no es *"su son"* confirma que el autor es consciente de haber escuchado ya esa música en el pasado –¿en su paraíso perdido?–, la cual intenta rescatar del olvido mediante la *reminiscencia.* No olvidemos que José Hierro ha definido en varias ocasiones la poesía como *"una música que no recuerdo... un ritmo que acompaña un pensamiento que aún no existe... y que vas buscando, encajando frases en ese ritmillo. Buscando la palabra exacta."*

La tercera persona verbal con la que se inició el poema deja paso a la segunda del plural al comienzo de la segunda parte, en la que queda incluido el lector; con ello se intenta acercar y hacer más comprensible el conflicto. El proceso creativo es ahora la acción de bailar; la inspiración, la música que suena y él no oye; el resultado, el desacuerdo con su pareja al llevar ritmos desiguales. El deseo de bailar/componer se ve frustrado porque la buena disposición del bailarín/poeta se ve anulada por la imposibilidad de oír la música que suena/ recordar el son original, lo que conduce al fracaso: incapacidad de seguir el ritmo de la música e incapacidad de entenderse con su pareja (y por extensión, con los demás)/ incapacidad de reproducir el son original del poema.

El poema tiene un son que no es el suyo; el ritmo del bolero no es el que él escucha. Cabe preguntarse pues cuál es la música que oye el poeta, ¿es una música del pasado que evoca en su memoria o es una música producto de su imaginación que no ha existido nunca? ¿Oye, recuerda, sueña, inventa? Cualquiera que sea la respuesta, hay una cosa cierta, *el poeta baila a destiempo, a contratiempo,* lo que le conduce a la incomprensión, a la soledad y al aislamiento.

En la tercera parte, el poeta no encuentra la armonía en lo que le rodea –el son del poema, el ritmo que sigue su pareja– porque añora y recuerda otra música, emparentada con el alma, y otro mundo, el del Paraíso

de Adán y Eva, perdido tras el pecado. La dualidad del poema (música y letra), se identifica con la dualidad del hombre (alma, cuerpo, o sentimiento y razón), convirtiéndose en una misma cosa. Y el deseo de armonizar estas dualidades y expresarlas en el poema aparece como imposible, irreconciliable; de ahí el pesimismo final, el desengaño y el desamparo con que se cierra el poema.
El texto lo podemos incluir dentro de lo que el autor ha denominado "poesía de la alucinación". En ella el poeta indaga en su interior a través de la memoria para rescatar recuerdos del olvido, restos de sombra naufragada, que le sirven para conocerse/conocernos, y compartirlos con los demás.
El tiempo real se funde con el irreal e incluso da la sensación de que no existe; lo vivido se funde con lo soñado o añorado.

4 **a**) El fragmento está formado por dos oraciones complejas: *Este poema tiene un son que no es el suyo,* e *imaginad que estamos bailando un bolero.*

La **primera oración compleja** está compuesta por una proposición principal: *este poema tiene un son* y una proposición subordinada adjetiva especificativa que complementa al sustantivo *son*, su antecedente: *que no es el suyo*.

Proposición principal
Sujeto: el sintagma nominal *este poema*. Determinante: *este*, núcleo: *poema.*

Predicado: *tiene un son que no es el suyo.* Núcleo del predicado verbal: *tiene*, sintagma nominal CD: *un son [que no es el suyo]*, determinante: *un*, núcleo: *son,* adyacente: la proposición subordinada adjetiva especificativa.

Proposición subordinada adjetiva o de relativo: *que no es el suyo.*

Sujeto: el relativo *que,* que funciona además como nexo.

Predicado: *no es el suyo*. Sintagma adverbial CC de negación: *no*, verbo copulativo: *es*, sintagma nominal atributo: *el suyo*, determinante: *el*, núcleo: *suyo* (aunque es un adjetivo asume la función del sustantivo al precederle el artículo *el*).

La **segunda oración compleja** se compone de una proposición principal: *imaginad*, y una proposición subordinada sustantiva que funciona como CD: *que estamos bailando un bolero*.

Proposición principal
Sujeto omitido: el sintagma nominal *vosotros.*

Predicado: *imaginad [que estamos bailando un bolero]*. Núcleo: *imaginad,* CD: la proposición subordinada sustantiva.

Proposición subordinada sustantiva: *que estamos bailando un bolero.*

Nexo: *que.*

Proposición: *estamos bailando un bolero.*

Sujeto omitido: el sintagma nominal *nosotros.*

Predicado: *estamos bailando un bolero.* Núcleo del predicado: la perífrasis verbal *estamos bailando,* sintagma nominal CD: *un bolero*. Determinante: *un*, núcleo: *bolero*.

b) Imperativo: oye, oiga, oigamos, oíd, oigan.

Presente de indicativo: oigo, oyes, oye, oímos, oís, oyen.

Presente de subjuntivo: oiga, oigas, oiga, oigamos, oigáis, oigan.

Pretérito imperfecto de subjuntivo: oyera u oyese, oyeras u oyeses, oyera u oyese, oyéramos u oyésemos, oyerais u oyeseis, oyeran u oyesen.

5 **a)** Remitimos al alumnado a su manual.

b) Recursos métricos. El poema está compuesto por 17 versos; los dieciséis primeros son eneasílabos (9 sílabas) y el último heptasílabo (7 sílabas), que no guardan entre sí ningún tipo de rima, aunque sí existe un ritmo poético muy marcado, que está en función del contenido que se transmite. El verso decimotercero está escalonado: *No nos veríamos* (6 sílabas) + *El son* (3 sílabas).

Recursos estilísticos. Predomina el contenido sobre la forma; el poema tiende más a la eficacia que a la producción de belleza formal, algo muy frecuente en la poesía del autor; de ahí que utilice imágenes, palabras y expresiones muy cercanas al hombre de la calle.

El desdoblamiento como técnica de construcción del poema, analizado anteriormente.

Cambio de perspectiva: del "yo" reflexivo se pasa a un "vosotros" con el que se introduce al lector en el poema y se le hace copartícipe del problema y de su soledad.

Son frecuentes los encabalgamientos y las repeticiones de palabras *(son)*, sintácticas (*otro ritmo, otro compás; a destiempo, a contratiempo* [con el juego de sonidos muy próximos entre sí], *que ya sonó o no sonó nunca*), semánticas *(son, música, ritmo, compás; baile, bolero).*

Inclusión de incisos o paréntesis que sirven para aclarar al lector la situación: *imaginad que estamos bailando un bolero...; no nos veríamos.*

Utilización de la pregunta retórica, de la que el poeta no espera respuesta alguna por parte del lector: *¿Cómo puedo decirle que escucho una música que ya sonó o no sonó nunca?*

ARAGÓN

2

PRUEBA DE SELECTIVIDAD

ACLARACIONES PREVIAS

Se valorarán el uso de vocabulario y la notación científica. Los errores ortográficos, el desorden, la falta de limpieza en la presentación y la mala redacción podrán suponer una disminución hasta de un punto en la calificación, salvo casos extremos.

La duración del examen será de una hora y media.

Cada tiempo es un tiempo nuevo y tiene sus plagas nuevas. John Naisbitt catalogó las de un futuro inminente: superpoblación, crisis energética, sida, agujero de la capa de ozono, control informático, gran mutación genética, calentamiento global, hambre y exclusión, cáncer y desertización. No incluyó las migraciones masivas porque no son una plaga. Pero sí un problema que, según un estudio de Naciones Unidas, puede convertirse en "la crisis humana más grave de nuestra era". Asia, África e Iberoamérica presionan con su impacto demoeconómico sobre las puertas de la Europa rica. Los efectos de los cambios tecnológicos y los desequilibrios históricos desbordan las fronteras nacionales.

En la UE, los ingresos en las dos últimas décadas no han dejado de aumentar. En las regiones pobres del mundo, sobre todo en el África negra, los ingresos cayeron. La brecha, con ser ya muy acusada, seguirá ampliándose en los próximos años dada la creciente polarización de capital en el mundo y la mayor tasa de nacimientos que soportan los países más miserabilizados. En buena parte del Tercer Mundo, la población menor de 17 años supone entre el 40 y el 50 por ciento del total, lo que significa que en esta década se duplicará la mano de obra en dichos países. Las diferencias entre los países ricos y los más pobres son hoy mayores que quince años atrás. Unos 3 000 millones de habitantes en sesenta países –principalmente en la OCDE, Asia y también parte de Iberoamérica– viven hoy mejor que nunca. Pero otros 1 600 millones de personas en un centenar de Estados han sufrido la experiencia inversa. En vez de crecimiento económico han experimentado una reducción de sus ingresos y viven peor que hace 15 años.

Es claro que la presión de la emigración va a ser irresistible. O la UE abre vías de desarrollo al mundo o el mundo se le viene encima con candados o sin ellos. Hay que mirar al sur si no queremos perder el norte.

Cuestiones

Repertorio 1

Se compone de seis cuestiones referidas al texto propuesto para su análisis y comentario. Dichas cuestiones son:

1. Determine el tema del texto (1 punto).

2. Resuma brevemente el texto [alrededor de cinco líneas de extensión] (2 puntos).

3. Realice un comentario crítico del texto (2 puntos).

4. Caracterice el tipo de texto atendiendo a sus rasgos más relevantes (2 puntos).

5. Realice el análisis y el comentario sintácticos del siguiente fragmento del texto (2 puntos):

   La brecha seguirá ampliándose en los próximos años dada la creciente polarización de capital en el mundo y la mayor tasa de nacimientos que soportan los países más miserabilizados.

6. Cuestión referida al léxico y a la comprensión del contenido (1 punto):

   Defina brevemente los siguientes términos del texto: *desertización, desbordan, mano de obra, inversa.*

Repertorio 2

Se compone de seis cuestiones referidas al texto propuesto para su análisis y comentario. Dichas cuestiones son:

1. Determine el tema del texto (1 punto).

2. Resuma brevemente el texto [alrededor de cinco líneas de extensión] (1 punto).

3. Realice un comentario crítico del texto (2 puntos).

4. Caracterice el tipo de texto atendiendo a sus rasgos más relevantes (2 puntos).

5. Realice el análisis y el comentario sintácticos del siguiente fragmento del texto (2 puntos):

   Es claro que la presión de la emigración va a ser irresistible. O la UE abre vías de desarrollo al mundo o el mundo se le viene encima con candados o sin ellos.

6. Cuestión referida al léxico y a la comprensión del contenido (1 punto):

   Defina brevemente los siguientes términos del texto: *plagas, ingresos, acusada, soportan.*

SOLUCIÓN DE LA PRUEBA

Repertorio 1

1 Las desigualdades entre países ricos y pobres generan emigraciones masivas.

2 Cada época tiene sus propios males. El peor de nuestro tiempo es el de las emigraciones masivas, producido por las desigualdades, cada vez más acentuadas, entre países ricos y pobres que solo puede evitarse favoreciendo el desarrollo en todo el mundo.

3 El texto presenta un tema de gran actualidad, que nos afecta a todos: el de la emigración.

Comienza con una aseveración que anticipa ya el tema del que se va a tratar: las "plagas", que todos asociamos con destrucción y dolor desde las bíblicas ya famosas. Se hace una relación de las que azotarán a nuestro planeta en un futuro muy próximo, las catalogadas por John Naisbitt: superpoblación, crisis energética, sida, agujero de la capa de ozono, control informático, gran mutación genética, etc. Cada una de ellas con capacidad suficiente para infligir grandes daños a la humanidad y más aun todas juntas. Las plagas se dan como inevitables y ciertas, pero, a diferencia de las de Egipto que se produjeron como castigo divino, estas las provoca el mismo hombre y afectarán no solo a un territorio sino a toda la humanidad.

A los males enumerados anteriormente, se suma el problema de las migraciones masivas. Se apoya esta afirmación en un estudio de Naciones Unidas –organismo en el que está representada la mayor parte de los países, lo que avala que sus informes sean objetivos y nada tendenciosos–, que muestra cómo *los efectos de los cambios tecnológicos y desequilibrios históricos* influyen directamente en las emigraciones de asiáticos, africanos e iberoamericanos hacia países europeos, lo que previsiblemente dará lugar a "la crisis humana más grave de nuestra era".

Tal como se expresa lo dicho anteriormente, parece irrefutable. Se podría decir que este es el estado de la cuestión.

En el segundo párrafo se recogen las causas del "problema" que generan, como consecuencia, las migraciones masivas. Se aportan datos y cifras contrastables, pero no exhaustivos –para no cansar al lector–, sobre aspectos económicos, tasa de población y calidad de vida. Estos datos confirman lo expresado anteriormente: las diferencias abismales entre países ricos (los industrializados de la UE) y pobres (los del Tercer Mundo), se acentúan cada vez más.

Las causas se reducen a tres: la polarización cada vez mayor del capital en los países ricos, el aumento de población en los países en los que se ceba la miseria y el empeoramiento de la calidad de vida en más de un centenar de países.

No se expresa ningún juicio de valor sobre estos datos porque son lo suficientemente elocuentes como para que no haga falta. Pero es evidente que se denuncia, aunque no se escriba, que los países industrializados no hacen nada o hacen muy poco por acabar con estos desequilibrios que mantienen a parte de la humanidad en la más absoluta miseria.

En el tercer párrafo el autor da por sentado que las causas anteriores no pueden dar otro resultado que el de las emigraciones masivas, que la Unión Europea no podrá impedir, porque sus fronteras nacionales –como se decía en el primer párrafo–, quedarán totalmente desbordadas por las personas que quieren huir de la miseria de sus países y encontrar una vida mejor en este continente. La única salida, pues, al problema está en la propia UE que debe colaborar necesariamente en el desarrollo del Tercer Mundo para acabar con la pobreza que motiva el éxodo obligado de miles de personas. Si se termina con la pobreza cesarán las emigraciones.

El lector ha de estar necesariamente de acuerdo con lo que se expone en el texto, ya que los problemas de unos países repercuten necesariamente en los demás. Es evidente que el Primer Mundo no puede ignorar la miseria de los países más desfavorecidos y ha de ser generoso y solidario con ellos, porque los problemas del Tercer Mundo repercuten ya y repercutirán cada vez más en los países industrializados. Si Europa quiere acabar con el problema de las emigraciones en su territorio debe necesariamente ayudar a los países del "sur" porque los problemas de estos se han convertido también en los nuestros.

4 Es un texto **argumentativo,** en el que el autor expone brevemente su opinión sobre un tema, consolida sus aseveraciones con autoridades de cuyo prestigio y objetividad nadie duda: las de John Naisbitt y Naciones Unidas (argumentos de autoridad) y la refuerza con datos objetivos contrastables, que llevan inevitablemente a la tesis o conclusión.

Dada su extensión, podría tratarse de un editorial de un periódico o un artículo de opinión –aunque este último va firmado por su autor–, con el que se intenta crear opinión sobre un tema de actualidad –algo típico de estos géneros periodísticos–, de ahí que la visión del tema, aunque inicialmente sea subjetiva, se presente de forma objetiva. El nivel lingüístico empleado es culto pero no especializado ya que se intenta llegar a un amplio público. La claridad y la precisión son quizás las notas más destacables. Son frecuentes los sustantivos abstractos y los tecnicismos: *superpoblación, crisis energética, sida, agujero de la capa de ozono, mutación genética, migraciones, cambios tecnológicos, etc.* Solo al final, quizás para lograr un mayor acercamiento al lector, se da entrada a algún rasgo de carácter coloquial: *O la UE abre vías de desarrollo al mundo o el mundo se le viene encima con candados o sin ellos. Hay que mirar al sur si no queremos perder el norte.*

La estructura u organización de las ideas es clara y precisa porque se trata de conseguir el asentimiento del lector con la tesis. Puede resumirse así:

I. Opinión inicial que sirve como punto de partida: argumento de autoridad (John Naisbitt).

II. Opinión sobre las migraciones masivas, relacionada con lo expuesto anteriormente: argumento de autoridad (Naciones Unidas).

III. Análisis de la situación de los países ricos y pobres en el presente y previsiones en un futuro próximo bajo tres aspectos:

- Ingresos
- Tasa de población
- Calidad de vida

IV. Conclusión: tesis.

5 Es una oración compleja formada por una proposición principal: *la brecha seguirá ampliándose en los próximos años,* de la que dependen dos proposiciones subordinadas de participio coordinadas entre sí por el nexo copulativo *y*, que funcionan como CC de causa; en la segunda de estas proposiciones existe, además otra proposición adjetiva especificativa que complementa al sustantivo *tasa,* antecedente del relativo: *dada la creciente polarización de capital en el mundo y la mayor tasa de nacimientos [que soportan los países más miserabilizados].*

Proposición principal: *La brecha seguirá ampliándose en los próximos años [dada la creciente polarización de capital en el mundo y la mayor tasa de nacimientos que soportan los países más miserabilizados].*

Sujeto: SN *la brecha*. Determinante: *la*, núcleo: *brecha.*

Predicado: *seguirá ampliándose en los próximos años [dada la creciente polarización de capital en el mundo y la mayor tasa de nacimientos que soportan los países más miserabilizados].* Núcleo del predicado: *seguirá ampliando* (perífrasis verbal). Signo de pasiva refleja: *se*. CC de tiempo: sintagma preposicional *en los próximos años:* preposición *en,* SN *los próximos años*: determinante *los*, adyacente *próximos*, núcleo *años.* CC de causa: proposiciones coordinadas de participio. Primera proposición: *dada la creciente polarización de capital en el mundo*. Nexo coordinante copulativo *y*. Segunda proposición *(dada) la mayor tasa de nacimientos [que soportan los países más miserabilizados].*

Primera proposición coordinada: *dada la creciente polarización de capital en el mundo.*

Sujeto: SN *la creciente polarización de capital.* Determinante: *la*, adyacente: *creciente*, núcleo: *polarización*, sintagma preposicional complemento de nombre: *de capital* (preposición: *de*, SN, núcleo: *capital*).

Predicado: *dada en el mundo.* Núcleo: *dada.* CC de lugar, sintagma preposicional: *en el mundo* (preposición: *en*, SN: *el mundo*, determinante: *el*, núcleo: *mundo*).

Segunda proposición coordinada: *(dada) la mayor tasa de nacimientos [que soportan los países más miserabilizados]*

Sujeto: sintagma nominal *la mayor tasa de nacimientos [que soportan los países más miserabilizados].* Determinante: *la*, determinante: *mayor,* núcleo: *tasa,* sintagma preposicional complemento de nombre: *de nacimientos*, (preposición: *de*, sintagma nominal, núcleo: *nacimientos*). Proposición adjetiva especificatica que funciona como adyacente: *que soportan los países más miserabilizados.*

Predicado: está omitido: *dada.* Núcleo: *dada.*

Proposición adjetiva especificativa: adyacente *que soportan los países más miserabilizados.*

Sujeto: sintagma nominal *los países más miserabilizados.* Determinante: *los,* núcleo: *países. Más miserabilizados* es un sintagma adjetivo que funciona como adyacente en función predicativa. En realidad equivale a una proposición subordinada adjetiva: *que son más miserabilizados*. Determinante: *más,* núcleo: *miserabilizados.*

Predicado: *que soportan.* CD: el relativo, sintagma nominal *que*, que al mismo tiempo hace la función de nexo. Núcleo: *soportan.*

6 *Desertización:* conversión en desierto de terrenos o regiones anteriormente productivas, lo que hace muy difícil la actividad humana y la supervivencia en esos lugares.

Desbordan: sobrepasan, exceden, rebasan.

Mano de obra: obreros con capacidad para efectuar un trabajo. Trabajo humano que se emplea en una obra a diferencia de los materiales.

Inversa: contraria.

Repertorio 2

Las preguntas 1, 2, 3 y 4 coinciden con las del repertorio 1, por lo que remitimos al alumno a este.

5 **I.** *Es claro que la presión de la emigración va a ser irresistible* es una oración compleja formada por una proposición principal: *Es claro* y una proposición subordinada sustantiva que funciona como sujeto: *que la presión de la emigración va a ser irresistible.*

Proposición principal: *Es claro*

Sujeto: proposición subordinada sustantiva.

Predicado: Verbo atributivo *es*. Sintagma adjetivo atributo: *claro.*

Proposición subordinada sustantiva: *que la presión de la emigración va a ser irresistible.*

Nexo: *que*.

Proposición: *la presión de la emigración va a ser irresistible.*

Sujeto: *la presión de la emigración.* Determinante: *la,* núcleo: *presión,* sintagma preposicional complemento de nombre: *de la emigración* (preposición: *de*, sintagma nominal: *la emigración.* Determinante: *la,* núcleo: *emigración*).

Predicado: Verbo atributivo *va a ser* (es una perífrasis verbal) Sintagma adjetivo atributo, núcleo *irresistible.*

II. *O la UE abre vías de desarrollo al mundo o el mundo se les viene encima con candados o sin ellos.* Es una oración compleja formada por dos proposiciones coordinadas disyuntivas. La conjunción *o* sirve para relacionar dos posibilidades de las cuales solo se elige una. En este caso, al estar repetida la conjunción al principio de cada proposición, la no realización de la primera supone la realización forzosa de la segunda. Las conjunciones funcionan como nexos coordinantes disyuntivos.

En la segunda proposición aparece de nuevo otra conjunción coordinante disyuntiva *o*. En este caso la conjunción o obliga a elegir entre uno de los dos complementos circunstanciales: *con candados o sin ellos,* pero el análisis también se puede realizar como si fueran dos proposiciones coordinadas disyuntivas: *el mundo se les viene encima con candados o el mundo se le viene encima sin ellos.*

Proposición primera: *la UE abre vías de desarrollo al mundo*

Sujeto: el sintagma nominal *la UE.* Determinante: *la,* núcleo: *UE.* El núcleo podría analizarse también de la siguiente manera: núcleo: *unión,* adyacente: *europea,* ya que está formado por siglas.

Predicado: *abre vías de desarrollo al mundo.* Núcleo: *abre,* CD el sintagma nominal: *vías de desarrollo.* Núcleo: *vías,* sintagma preposicional complemento de nombre: *de desarrollo* (preposición: *de,* sintagma nominal al, núcleo: *desarrollo*). CI sintagma preposicional: *al mundo:* preposición *a* (*al* es una forma contracta del artículo formada por la preposición *a* y el artículo *el*), sintagma nominal: *el mundo.* Determinante: *el* (del artículo contracto *al*), núcleo: *mundo.*

Proposición segunda: *el mundo se le viene encima con candados o sin ellos*

Sujeto: sintagma nominal *el mundo*. Determinante: *el,* núcleo: *mundo.*

Predicado: *se le viene encima con candados o sin ellos.* Componente verbal: *se,* CI: el sintagma nominal *le,* núcleo del predicado: *viene,* sintagma adverbial: CC de lugar *encima,* sintagma preposicional: CC de modo, múltiple: *con candados o sin ellos.*

Primer sintagma preposicional: CC de modo *con candados* (preposición: *con;* sintagma nominal al, núcleo: *candados*).

Nexo coordinante disyuntivo: *o.*

Segundo sintagma preposicional: CC de modo *sin ellos* (preposición *sin;* sintagma pronominal, núcleo: *ellos*).

Como hemos apuntado anteriormente, el análisis de esta segunda parte podría hacerse como si fueran dos proposiciones coordinadas disyuntivas unidas por la conjunción *o:* Proposición a) *el mundo se le viene encima con candados.* Nexo coordinante disyuntivo: *o.* Proposición b) *el mundo se le viene encima sin ellos.*

6 *Plagas:* grandes calamidades o desgracias que afligen a alguien o a algo.

Ingresos: ganancias que se perciben regularmente.

Acusada: evidente, perceptible, clara.

Soportan: sufren, padecen.

ASTURIAS

3

PRUEBA DE SELECTIVIDAD

Opción 1

SOS EN GALÁPAGOS

Las islas Galápagos no son un lugar cualquiera. El archipiélago ecuatoriano, un laboratorio natural y escenario privilegiado de las observaciones que condujeron a Darwin a formular su teoría de la evolución, sufre el vertido de más de medio millón de litros de gasóleo de un petrolero ecuatoriano encallado. En los tanques del buque, escorado 45º y a merced de vientos y oleajes, quedan más de cien mil litros de combustible. Un rosario de manchas que se extienden por una superficie de 3 000 kilómetros cuadrados amenaza la flora y la fauna de esta reserva ecológica impar.

Los expertos temen que lo más grave esté por llegar si parte del combustible flotante, que bloquea el paso de la luz solar a las profundidades, acaba depositándose en los fondos y daña las colonias de algas, vitales para la cadena trófica. De ellas dependen desde iguanas marinas y tortugas gigantes hasta tiburones y numerosas clases de aves. Cuanto más se tarde en eliminar este gasóleo, más seria será la contaminación para cientos de especies únicas de la zona. La propia Comisión Europea ha tomado cartas en el asunto enviando expertos en descontaminación.

Las catástrofes por vertidos tienen un largo historial desde los años sesenta. Pero, aparte de alguna multa astronómica, de la que acaba pagándose una mera fracción, muy poco se ha hecho para combatir la lacra fundamental de los mares. Muchos de los barcos que llevan combustible, como el vetusto Jessica, son ruinas flotantes que suelen navegar bajo pabellón de conveniencia. El transporte de crudo y sus derivados apareja una imponente maraña de intermediarios, y su control es un vía crucis para gobiernos y jueces a la hora de depurar responsabilidades. Mientras los desastres se acumulan y los barcos crecen en capacidad, las legislaciones sobre sus condiciones de seguridad, con frecuencia permisivas y contradictorias, se mantienen obsoletas. Y la negligencia está a la orden del día.

La protección de los océanos, como la de la tierra o la atmósfera, requiere medidas drásticas. El conocimiento creciente de la formidable agresión que el hombre viene perpetrando sobre su ecosistema sigue sin trasladarse a acuerdos generales y eficaces que contribuyan a paliarla. Hoy son las Galá-

pagos; ayer, el canal de la Mancha, Suráfrica o Alaska. Sin una urgente conciencia de la vulnerabilidad de nuestro entorno, estaremos abocados a repetir una trágica letanía.

Cuestiones

1 Análisis y comentario sintáctico del siguiente fragmento del texto: *Muchos de los barcos que llevan combustible son ruinas flotantes que suelen navegar bajo pabellón de conveniencia* (2 puntos).

2 Analice morfológicamente (categoría y subcategoría y composición morfemática) la siguiente frase: *Las islas Galápagos no son un lugar cualquiera* (1 punto).

3 Explique el significado de los vocablos *escorado, impar, lacra, abocados,* y de las expresiones *pabellón de conveniencia* y *vía crucis* (1 punto).

4 Comentario crítico del texto (3,5 puntos):

a) Tipo de texto, intencionalidad y circunstancias comunicativas.

b) Conversión de cada párrafo del texto en un punto de guion.

c) Resumen del contenido.

d) ¿Qué significado tiene en el texto la imagen ya fijada de *Un rosario de manchas*?

e) Opinión personal y valoración de la forma de expresión.

5 Desarrolle el siguiente tema: *Los medios de comunicación en la sociedad contemporánea* (2,5 puntos).

Opción 2

SE LOS TRAGÓ LA TIERRA

Santa Tecla (El Salvador)

La tierra comenzó a temblar, levemente al principio. Luego se produjo una súbita sacudida. Alguien en una casa en la parte alta del cerro gritó desesperadamente y sobrevino una tremenda explosión. Una nube de polvo cubrió el barrio de Las Colinas, en Santa Tecla (veinte kilómetros al suroeste de San Salvador, la capital). Media hora después, cuando la polvareda se disipó, casas, calles, tendido eléctrico, árboles y todo rastro de las avenidas principales de la zona residencial habían quedado sepultadas por un enorme alud de tierra.

Así recuerdan los vecinos de Las Colinas el fatídico mediodía del pasado sábado, en el que el seísmo que sacudió Centroamérica sepultó a 1200 personas y unas quinientas casas con 250 000 metros cúbicos de tierra. Los testimonios son espeluznantes: Miguel Ángel Ortega, un empresario de 34 años que se hallaba fuera de la zona cuando se produjo el alud, corrió a Las Colinas en busca de sus tres hijos y su esposa. Solo encontró a su perro. "Es todo lo que me queda, aparte de él, estoy solo en el mundo", recordaba entre sollozos.

Centenares de voluntarios de la Cruz Roja, bomberos, equipos de rescate y militares trabajan a ritmo frenético en Las Colinas intentando buscar algún superviviente. Unos ochenta expertos españoles –bomberos, médicos y efectivos de la Cruz Roja ayudados por diecinueve perros adiestrados– se han sumado a la búsqueda en la que ya han sido localizados doscientos muertos.

Pocas son, sin embargo, las esperanzas de encontrar supervivientes. Rafael Rodríguez, que lleva dos días trabajando con los grupos de rescate para encontrar el cuerpo de su hijo de ocho años, recogió el domingo el cadáver de su hermano. Visiblemente afectado, denunciaba que "muchas veces advertimos de que la tala de árboles iba a provocar una desgracia, porque dejaba las casas desprotegidas. No nos hicieron caso; ahora nos escucharán, pero para mí ya es tarde". En parecidos términos, otro vecino, Julio Martínez, señaló que "estaban construyendo casas de más de un millón de colones (unos 2,5 millones de pesetas), y las calles de acceso que abrieron pudieron ser la causa del alud". Ante el riesgo de nuevos deslizamientos, todos los vecinos han sido evacuados.

Cuestiones

1 Análisis y comentario sintáctico del siguiente fragmento del texto: *Unos ochenta expertos españoles se han sumado a la búsqueda en la que ya han sido localizados doscientos muertos* (2 puntos).

2 Analice morfológicamente (categoría y subcategoría, derivación y composición morfemática) la siguiente frase: *La tierra comenzó a temblar, levemente al principio* (1 punto).

3 ¿Qué significan o a qué se refieren los vocablos *fatídico, seísmo, alud* y *colones*? (1 punto).

4 Comentario crítico del texto (3,5 puntos):
a) Tipo de texto, intencionalidad y circunstancias comunicativas.
b) Conversión de cada párrafo del texto en un punto de guion.
c) Resumen del contenido.
d) ¿Qué nos indican las comillas (" ") en este tipo de textos?
e) Opinión personal y valoración de la forma de expresión.

5 Desarrolle el siguiente tema: *Los géneros periodísticos* (2,5 puntos).

SOLUCIÓN DE LA PRUEBA

Opción 1

1 Es una oración compleja formada por una proposición principal: *Muchos de los barcos son ruinas flotantes* y dos proposiciones subordinadas adjetivas (o de relativo) especificativas: a) *que llevan combustible*, que complementa al sustantivo *barcos* y b) *que suelen navegar bajo pabellón de conveniencia*, que complementa al sustantivo *ruinas.*

Proposición principal
Sujeto: el sintagma nominal *muchos de los barcos [que llevan combustible].* Núcleo: *muchos* (tiene un valor sustantivo), sintagma preposicional complemento de nombre: *de los barcos [que llevan combustible]* (preposición: *de*, sintagma nominal: *los barcos [que llevan combustible].* Determinante: *los*, núcleo: *barcos*, adyacente: la proposición adjetiva o de relativo).
Predicado: *son ruinas flotantes [que suelen navegar bajo pabellón de conveniencia].*
Verbo copulativo: *son*, sintagma nominal atributo: *ruinas flotantes [que suelen navegar bajo pabellón de conveniencia].* Núcleo: *ruinas*, adyacente: *flotantes*, adyacente: la proposición adjetiva o de relativo.

Primera proposición adjetiva: *que llevan combustible.*
Sujeto: el relativo *que*, que funciona también como nexo.
Predicado: *llevan combustible.* Núcleo: *llevan*, Sintagma nominal: núcleo: *combustible.*

Segunda proposición adjetiva: *que suelen navegar bajo pabellón de conveniencia*
Sujeto: el relativo, sintagma nominal *que*, que funciona, al mismo tiempo, como nexo.
Predicado: *suelen navegar bajo pabellón de conveniencia.* Núcleo: *suelen navegar* (perífrasis verbal), sintagma preposicional CC de modo: *bajo pabellón de conveniencia* (preposición: *bajo*, sintagma nominal: *pabellón de conveniencia.* Núcleo: *pabellón*, sintagma preposicional, complemento de nombre: *de conveniencia*: preposición: *de*, sintagma nominal, núcleo: *conveniencia*).

2 *Las:* artículo determinado, género femenino, número plural. Algunos gramáticos lo consideran un morfema de género y número del sustantivo.

islas: nombre común, género femenino, número plural. Está formado por un lexema: *isla* y un morfema gramatical de número *–s.* No tiene ninguna marca que indique género femenino (∅).

Galápagos: nombre propio, género femenino, número plural. Está formado por un lexema *galápago* y un morfema de número *–s*. No tiene ninguna marca que indique género: (∅); a los nombres de islas en castellano se les ha asignado el género femenino.

no: adverbio de negación. Está formado por un lexema.

son: 3ª persona del plural del presente de indicativo del verbo *ser*. Es un verbo irregular. Consta de un lexema y un morfema flexivo de número y persona *–n*.

un: artículo indeterminado, género masculino, número singular. Algunos gramáticos lo consideran un morfema actualizador del sustantivo.

lugar: nombre común, género masculino, número singular. Está formado por un lexema. El artículo determina su género y la ausencia de morfema gramatical de número (-es) indica que es singular.

cualquiera: adjetivo determinativo indefinido. Está formado por cual + quiera *(de querer)*. Antepuesto al sustantivo toma la forma apocopada “cualquier”. Su plural es “cualesquiera”.

3 *Escorado:* inclinado de costado, ladeado.

Impar: único, que no tiene igual.

Lacra: secuela de una enfermedad, plaga.

Abocados: estar en peligro de algo, en este caso de repetirse una nueva catástrofe ecológica.

Pabellón de conveniencia: bandera o nacionalidad bajo la que navega un barco mercante, en este caso cambiante, según los intereses de la naviera.

Un vía crucis: calvario o serie de padecimientos, dificultades que sufren los gobiernos y jueces a la hora de depurar las responsabilidades de quienes producen desastres ecológicos de este tipo.

4 **a)** Es un texto **argumentativo** con el que se intenta mostrar la vulnerabilidad de nuestro medioambiente y convencer de la urgente necesidad que tenemos de crear normas y acuerdos generales y eficaces que ayuden a defenderlo.

Su estructura puede resumirse así:

I. El punto de partida es el desastre ecológico de las islas Galápagos y el temor de los expertos de que los daños en la fauna y la flora de estas islas únicas sean irreparables.

II. Se evoca lo ocurrido desde los años sesenta y cómo el deseo de evitar este tipo de catástrofes ha fracasado porque lo que se ha hecho para combatirlas es poco e ineficaz (las multas no se pagan y a los gobiernos y jueces les resulta difícil depurar responsabilidades). Los desastres se acumulan, la capacidad de los barcos aumenta, las legislaciones se mantienen absoletas y las negligencias son constantes.

III. Tesis: la protección medioambiental requiere medidas drásticas y acuerdos generales y eficaces si no queremos que los desastres (de las Galápagos, el canal de la Mancha, Suráfrica o Alaska) continúen repitiéndose.

Como vemos, en los dos primeros apartados de lo particular se pasa a lo general; ambos apartados constituyen la argumentación de la que se extrae la tesis final que el autor defiende. El texto puede ser un editorial de un periódico o un artículo de opinión, aunque este último va firmado por su autor.

El autor intenta convencer al lector —y sobre todo a las autoridades de las distintas naciones— de la necesidad de crear acuerdos internacionales efectivos para acabar con las agresiones medioambientales de todo tipo.

Para lograr este objetivo ha hecho una argumentación razonada, clara y concisa, apoyándose en catástrofes que están en la mente de todos, al igual que sus consecuencias, por su cercanía en el tiempo con el hoy desde el que se escribe el artículo. El lector, convencido por lo expuesto, no tiene más remedio que coincidir con el autor.

Para lograr la sintonía con el lector, además de una estructura clara del texto, y una argumentación razonada, el autor ha utilizado un lenguaje culto pero, a la vez, de fácil comprensión para un lector de un nivel cultural de tipo medio.

b) Cada párrafo puede resumirse en los siguientes puntos:

I. Desastre ecológico producido por un petrolero en las sin igual islas Galápagos.

II. Preocupación de los expertos por los efectos presentes y futuros en su fauna y flora.

III. Lo que se ha hecho desde los años sesenta para evitar estos desastres es poco e ineficaz, por lo que cada vez son más los peligros potenciales.

IV. Se precisan con urgencia acuerdos generales y eficaces para proteger nuestro entorno.

c) Un petrolero ecuatoriano encallado en las Galápagos ha producido con su vertido de gasóleo una catástrofe ecológica. Los expertos temen que los daños a su fauna y flora sean irreparables. L0s medios adoptados para evitar catástrofes similares son pocos e ineficaces. Urge que se proteja el entorno con medidas generales y efectivas.

d) Es una expresión metafórica. Las manchas que sobre el agua ha formado el vertido del gasóleo se identifican por su forma y color con las cuentas de un rosario, ensartadas entre sí.

e) Respuesta libre. El alumno podrá valorar las consecuencias de los desastres ecológicos y, a partir de sus conocimientos y experiencia, proponer medidas efectivas para acabar con cualquier tipo de agresión ecológica y defender el medioambiente.

5 Respuesta libre. El alumno deberá señalar la importancia decisiva que tienen en la actualidad, como medios de información y creación de opinión, la prensa, la radio, la televisión e Internet.

Opción 2

1 Es una oración compleja formada por una proposición principal: *Unos ochenta expertos españoles se han sumado a la búsqueda*, de la que depende una proposición subordinada adjetiva (o de relativo) especificativa que complementa al sustantivo *búsqueda*: *en la que ya han sido localizados doscientos muertos.*

Proposición principal

Sujeto: el sintagma nominal *unos ochenta expertos españoles*. Determinante: *unos*, determinante: *ochenta*, núcleo: *expertos*, adyacente: *españoles*.

Predicado: *se han sumado a la búsqueda [en la que han sido localizados doscientos muertos].* El sintagma nominal, CD: *se*; núcleo: *han sumado*; complemento de régimen, el sintagma preposicional: *a la búsqueda [en la que han sido localizados doscientos muertos]* (preposición: *a*, sintagma nominal: *la búsqueda [en la que han sido localizados doscientos muertos].* Determinante: *la*, núcleo: *búsqueda*, adyacente: la proposición adjetiva).

Proposición adjetiva o de relativo

Sujeto: el sintagma nominal *doscientos muertos*. Determinante: *doscientos*, núcleo: *muertos*.

Predicado: *en la que ya han sido localizados*. Sintagma preposicional, CC de lugar: *en la que* (preposición: *en*, sintagma nominal: *la que*; determinante: *la*, núcleo y al mismo tiempo nexo: *que*). Algunos gramáticos prefieren analizar como un bloque inseparable *en la que*. Sintagma adverbial, CC de tiempo: *ya*, núcleo: *han sido localizados*.

Como el verbo está conjugado en voz pasiva, la oración lo es también. A este tipo de proposiciones que tienen el verbo conjugado en voz pasiva pero en las que no aparece expreso el complemento agente se les llama proposiciones de segunda de pasiva.

2 *La:* artículo determinado, género femenino, número singular. Algunos gramáticos lo consideran un morfema de género y número del sustantivo.

Tierra: nombre común, género femenino, número singular. Es una palabra primitiva, formada por un lexema. No presenta morfemas gramaticales de género y número, el artículo que le precede es quien lo indica.

comenzó a temblar: es una perífrasis verbal aspectual. La acción verbal se contempla en el momento mismo de comenzar.

Está compuesta por una forma verbal, conjugada en forma personal, del verbo *comenzar* gramaticalizada, la preposición *a* y el infinitivo del verbo *temblar*. La primera forma verbal ha perdido su significado original y se ha convertido en un morfema que aporta al verbo *temblar* los conceptos de: persona (3ª), número (singular), tiempo (pretérito perfecto simple o pretérito indefinido), modo (indicativo) y aspecto (incoativo).

levemente: es un adverbio de modo, formado por derivación a partir del lexema del adjetivo *leve* más el sufijo adverbial *–mente*.

al: artículo contracto, formado a partir de la preposición *a* y el artículo determinado masculino singular *el*.

principio: nombre común masculino singular. Está formada por un lexema. No presenta en su forma morfemas gramaticales de género ni de número. El artículo que le antecede y la ausencia de morfema gramatical de número *(-s)* indican su género y número.

3 *Fatídico:* desgraciado, nefasto, funesto.

Seísmo: terremoto, temblor de tierra.

Alud: se refiere a una ingente masa de tierra que se ha desprendido en Santa Tecla como consecuencia de un terremoto y que ha sepultado en su precipitado descenso por la colina al barrio de Las Colinas.

Colones: plural de colón, moneda de El Salvador, llamada así porque lleva la efigie de Cristóbal Colón.

4 **a**) Es un texto **periodístico.** Se trata de un breve reportaje o noticia ampliada. El periodista ha acudido al lugar del suceso para indagar sobre lo ocurrido, recoger el ambiente y recabar la información y opinión de aquellas personas que han vivido de cerca la tragedia.

Como en la noticia, se responde a alguno de los interrogantes característicos de este tipo de información: dónde, qué, cómo, cuándo, quién/quiénes. Y se destaca en el titular lo más llamativo, de forma muy concisa, "Se los tragó la tierra", para atraer la atención del lector y provocar su interés por conocer más datos a través de su lectura.

En el proceso de elaboración de este texto destaca:

– la *selección* que ha hecho el reportero de los datos fundamentales de lo ocurrido. Se evita lo superfluo puesto que la brevedad es una de las características de este género periodístico.

– la *estructuración y jerarquización* de la información transmitida. Se pone en primer lugar lo que se considera más importante: la tragedia y el dolor de los afectados y después otros aspectos que, aunque importantes, son algo menos relevantes en ese momento: la actuación de los equipos de rescate, la esperanza de encontrar con vida a personas sepultadas por el alud de tierra, las posibles causas por las que se ha producido este suceso, la evacuación de los vecinos de esa zona.

– la *concisión* del lenguaje empleado.

– la *exposición* de lo ocurrido narrado en tercera persona.

El texto intenta satisfacer las necesidades informativas del lector dando noticia de un hecho luctuoso acaecido en Santa Tecla, mostrar el dolor de los afectados por la tragedia, denunciar la labor depredadora del hombre (que favorece con la tala de árboles y su ambición este tipo de tragedias) y notificar la evacuación de todos los vecinos de la zona ante el riesgo de nuevos deslizamientos.

Una de las características del lenguaje periodístico es su actualidad. Lo narrado ha sucedido días antes de la fecha de publicación del texto en el periódico, tiempo suficiente para que el reportero haya podido desplazarse al lugar de los hechos, visitar la zona y recabar la información necesaria para su elaboración. Destaca la aparente "objetividad" de lo narrado, sin embargo la objetividad total en los medios de comunicación, como en tantas otras cosas, no existe: la selección de los datos que se transmiten, el orden de su exposición y la inclusión o no de determinados testimonios dejan paso a la subjetividad. El terminar el reportaje apuntando la evacuación de los vecinos, parece que da la razón a lo expresado por uno de ellos: *muchas veces advertimos de que la tala de árboles iba a provocar una desgracia, porque dejaba las casas desprotegidas. No nos hicieron caso, ahora nos escucharán, pero para mí es tarde,* clara denuncia a la falta de previsión por parte de los gobiernos para evitar riesgos o catástrofes. Recordemos que cualquier medio de comunicación pretende, además de informar, crear opinión, lo que de una forma directa o indirecta suele hacer.

Seguramente esta noticia era conocida ya por el lector el día de su publicación, por eso el periodista no se limita a contar solo los hechos, sino que amplía la información con otros datos que pueden ser de interés para quien lo lee.

b) Cada párrafo del texto puede resumirse en los siguientes puntos:

- Suceso.
- Testimonio y tragedia de los vecinos.
- Equipos de rescate.
- Búsqueda de supervivientes, críticas de los familiares y evacuación de los vecinos de la zona.

c) Un alud de tierra, provocado por un seísmo, ha sepultado el barrio de Las Colinas en Santa Tecla. Dolor y testimonio de los vecinos.

Días después se siguen buscando supervivientes y se denuncia que la tragedia pudo haberse evitado. Los vecinos han sido evacuados.

d) Indican que se recogen las palabras textuales que han dicho las personas a las que se hace referencia (Miguel Ángel Ortega, Rafael Rodríguez y Julio Martínez), tras haber sido afectadas por la desgracia. Marcan la diferencia en el texto entre el estilo indirecto utilizado por el periodista y el estilo directo, lo que aparece entrecomillado.

e) Respuesta libre. El alumno podría referirse a la catástrofe: pérdidas humanas y materiales. Las consecuencias de la catástrofe para los afectados. La ayuda prestada a los damnificados por los equipos de rescate (profesionales y de voluntarios). La ayuda internacional en las catástrofes. Y expresar su opinión sobre los posibles motivos del siniestro que se apuntan: la tala indiscriminada de árboles, la anteposición de los intereses económicos de unos pocos a la seguridad de la población, el peligro que para todos conllevan acciones de este tipo, etc.

5 Respuesta libre. El alumnado deberá señalar los distintos géneros periodísticos: informativos (noticia, reportaje, crónica, entrevista), de opinión (editorial, artículo) y mixtos (noticia comentada, crítica) y las características especiales de cada uno de ellos.

BALEARES

4

PRUEBA DE SELECTIVIDAD

ACLARACIONES PREVIAS

Escoja una de las dos opciones (A o B).

Lea detenidamente el texto y conteste a las preguntas que le siguen.

En lo que respecta a la expresión, se considerarán la presentación, la ortografía, la puntuación, la corrección morfológica, la propiedad en el uso del léxico y la capacidad de síntesis o de análisis en las respuestas y preguntas que así lo requieran. Sin embargo, la evaluación de todos estos aspectos de la expresión escrita servirá para confirmar la puntuación asignada o disminuirla, a criterio del corrector; en ningún caso se utilizará para aumentar la nota, puesto que un correcto dominio de la expresión escrita es exigible a cualquier persona que quiera acceder a la Universidad.

A modo de orientación general cabe indicar que se valorarán la cohesión de las ideas, la pertinencia de cada elemento de juicio aportado, la definición del punto de vista que se adopte y la madurez del razonamiento.

Cada pregunta tiene indicado al final su valor en puntos.

Opción A

Al primero, Sofía, tú lo conociste. Lo que no sabes, porque a partir de eso empezó mi distanciamiento contigo, es lo que me cambió la vida aquella primera pena de amor, todavía llevo la marca. Luego, a fuerza de pasarme una y otra vez la película, he entendido que fue una pena de amor doble y que por eso me dolió tanto. Lo más grave no fue que Guillermo me dejara de la noche a la mañana sin dar explicaciones, sino que no me las dieras tú tampoco, que las tenías todas. Tardé en saber que las tenías, y no lo supe por ti, tardé en entender por qué estabas rara conmigo, por qué huías con los ojos a otra parte cuando me veías triste, en aceptar tus silencios. Tú también sufrirías, supongo. Y hasta incluso más. Ahora sé por mis estudios y por confidencias del diván que las cosas que no se aclaran a su debido tiempo, van formando como un muro de escoria porosa que enseguida se empieza a solidificar hasta que al final no hay piqueta que lo derribe. La pared de mampostería, sí, exactamente eso. Un dique fraguado con cemento de cobardía e inercia, que acaba impidiendo el paso a una relación antaño transparente. Se obstruyen los conductos de la tubería y se va almacenando por dentro mucha mierda, aunque no lo sepamos porque tarda en oler. Lo malo, además, de esas tuberías del alma es que se localizan mal y que no sirve cualquier fontanero, tiene que ser uno muy especializado.

Acuérdate de aquella frase del Eclesiastés que tanto nos gustaba: "¿Quién ennegreció el oro? ¿Por qué el oro fino perdió su brillo?". Yo me lo preguntaba mucho a lo largo de aquella primavera en que nuestro oro fino se ennegreció, y eran porqués sin respuesta; yo misma en el fondo no quería buscarla, tenía miedo de hurgar en lo que habría podido darme una respuesta fea. Así que me limitaba a complacerme en mi papel de víctima maltratada por el destino. Luego, cuando me enteré de lo que estaba pasando, tuve una reacción inesperada.

Carmen Martín Gaite: Nubosidad variable.

Comentario crítico

1 Resuma con sus palabras el contenido de este texto y póngale un título (l,5 puntos).

2 Explique la estructura y las partes en que se puede dividir, si es que se puede, este texto (1,5 puntos).

Cuestiones de Lengua y Literatura

1 a) Analice sintácticamente la frase siguiente (1 punto): *Yo me lo preguntaba mucho a lo largo de aquella primavera en que nuestro oro fino se ennegreció, y eran porqués sin respuesta.*

b) *Yo me lo preguntaba mucho... nuestro oro fino se ennegreció...* ¿En qué coinciden y en qué se diferencian los predicados de estas dos estructuras oracionales? (1 punto).

2 En la frase analizada aparece la forma *porqués* (plural de *porqué*); ¿aparece escrito en el texto de otra forma?, ¿con qué valores? (1 punto).

3 Teniendo en cuenta solamente el fragmento propuesto ¿qué aspectos apuntan en él como característicos de la narrativa española a partir de los años sesenta? (2 puntos).

4 ¿Qué otros aspectos se pueden destacar de la narrativa española de los sesenta? (2 puntos).

Opción B

Ha señalado Buero Vallejo en múltiples ocasiones su propósito de escribir un teatro de hondo sentido trágico, y en esa tragedia cabe una profunda crítica social que en el esperpento corre el peligro de malograrse, puesto que si los espectadores se sienten muy por encima de las marionetas que ven en el escenario, pueden llegar a creerse "pequeños dioses ante los monigotes de cualquier compadre Fidel". En los personajes de la tragedia, por el contrario, han de reconocerse y han de identificarse con sus problemas y limitaciones.

En el teatro deben fundirse distanciamiento crítico y participación afectiva. No puede la distancia irónica anular la identificación catártica, de ahí que, sin olvidar aquella, ha de tenerse esta siempre presente. "Desde los griegos –afirma Buero–, el teatro provoca emociones comunicativas y la identificación del espectador con la escena. Desde los griegos, el teatro suscita reflexiones críticas y el extrañamiento del espectador respecto de la escena. Preconizar una de las dos cosas es ver una sola cara de la dramaturgia... Pero las grandes obras ven siempre las dos, aunque se adscriban polémicamente a una de las dos tendencias.

Mariano de Paco: Introducción de El sueño de la razón.

Comentario crítico

1 Explique a su manera las funciones que debe tener el teatro según se desprende de este texto (1 punto).

2 ¿Cuál es el peligro que, también a partir de este texto, entraña el esperpento? (1 punto).

3 ¿Qué título le pondría a este texto y en qué partes lo dividiría? (1 punto).

Cuestiones de Lengua y Literatura

1 a) Analice sintácticamente la frase siguiente (1 punto): *en esa tragedia cabe una profunda crítica social que en el esperpento corre el peligro de malograrse.*

b) La estructura sintáctica de esta frase, ¿refleja de alguna manera algún aspecto del contenido del texto? Explíquelo (1 punto).

2 Si atendemos a las modalidades o formas del discurso (descriptivo, expositivo, narrativo, argumentativo, ...) ¿cómo caracterizaría este texto? Razónelo (1 punto).

3 ¿Qué características destacaría de este texto que nos permiten catalogarlo como perteneciente al lenguaje humanístico? (1 punto).

4 ¿Qué destacaría como más relevante de la situación social que se viven en España en los momentos en que se da a conocer y se consagra Buero Vallejo? (1 punto).

5 Explique de forma resumida la producción teatral de Buero Vallejo (2 puntos).

SOLUCIÓN DE LA PRUEBA

Opción A

Comentario crítico

1 Resumen: la narradora [Mariana León] evoca en una carta dirigida a una amiga de la infancia, Sofía, –tras haberse reencontrado después de muchos años– la "pena de amor doble" que marcó su vida durante bastante tiempo: la pérdida del amor de Guillermo y, sobre todo, la de la amistad entre ambas, al sentirse "traicionada".

Título: como título podría ponerse algo similar a *Recuerdo del dolor sufrido por una doble traición* o, si se prefiere, *Evocación de una doble pérdida: la del amor y la de la amistad.*

2 El texto puede dividirse en tres partes:

I. Del renglón primero al décimo. Evocación del pasado: la pérdida de Guillermo y la ruptura de la amistad entre las amigas. La narradora culpa a Sofía de haber sido la causa del abandono del primero.

II. Del renglón décimo al vigésimo. Reflexión hecha en el presente desde la madurez: la narradora culpa a Sofía de la ruptura de su amistad por su falta de sinceridad y de diálogo.

III. Del renglón vigésimo hasta el final. Nueva evocación del pasado: los porqués sin respuesta –con los que nuevamente culpa a Sofía de la ruptura de su amistad y de su relación amorosa- y el miedo a descubrir la verdad de los que habla la narradora evidencian el distanciamiento cada vez mayor entre las dos y, al mismo tiempo, definen el carácter de la que escribe: prefiere asumir el papel de víctima y culpabilizar a los demás de sus fracasos antes que indagar y conocer la verdad.

1 **a)** Es una oración compleja formada por dos proposiciones coordinadas copulativas, unidas mediante la conjunción *y* que funciona como nexo. En la primera hay además otra proposición subordinada adjetiva especificativa que complementa a *primavera*, su antecedente.

Primera proposición coordinada: *Yo me lo preguntaba mucho a lo largo de aquella primavera [en que nuestro oro fino se ennegreció].*

Sujeto: *yo*.

Predicado: *me lo preguntaba mucho a lo largo de aquella primavera [en que nuestro oro fino se ennegreció].* CI: el sintagma nominal *me*, CD: el sintagma nominal *lo*, núcleo: *preguntaba*, sintagma adverbial: CC de cantidad *mucho*, CC de tiempo: el sintagma preposicional *a lo largo de aquella primavera [en que nuestro oro fino se ennegreció]*: locución preposicional: *a lo largo de*, sintagma nominal: *aquella primavera [en que nuestro oro fino se ennegreció].* Determinante: *aquella,* núcleo: *primavera,* adyacente: la proposición adjetiva especificativa.

Proposición adjetiva especificativa: *en que nuestro oro fino se ennegreció.*

Sujeto: el sintagma nominal *nuestro oro fino*. Determinante: *nuestro*, núcleo: *oro*, adyacente: *fino.*

Predicado: *en que se ennegreció*. CC de tiempo: el sintagma preposicional *en que* (preposición: *en,* sintagma nominal, núcleo y nexo: *que*, signo de pasiva refleja: *se*; núcleo: *ennegreció*).

Segunda proposición coordinada: *eran porqués sin respuesta.*

Sujeto: el SN, núcleo, *porqués*.

Predicado: *eran sin respuesta*. Verbo copulativo: *eran*, sintagma preposicional atributo: *sin respuesta* [Equivale a un adjetivo o a una proposición adjetiva: *que no se podían responder*]. Preposición: *sin*, sintagma nominal: núcleo, *respuesta.*

b) El primero es el predicado de una proposición reflexiva y transitiva porque la acción de preguntar que realiza el sujeto recae sobre él mismo. *Me* es CI y *lo* es CD.

El segundo es el predicado de una oración pasiva refleja. *Se* es la marca que indica que, aunque el verbo de este predicado esté conjugado en voz activa, la proposición es pasiva: "*el oro fino fue ennegrecido por alguien/algo* [que o se desconoce o no se quiere decir]".

2 – *Lo que no sabes, porque a partir de eso empezó mi distanciamiento...*

Porque es una conjunción causal, explica la causa o el motivo de algo.

– *Tardé en saber que las tenías, y no lo supe por ti, tardé en entender por qué estabas rara conmigo, por qué huías con los ojos a otra parte...*

Por es una preposición y *qué* es un pronombre interrogativo. Se utilizan en oraciones interrogativas directas o, como en este caso, indirectas.

– *Se obstruyen los conductos de la tubería y se va almacenando por dentro mucha mierda, aunque no lo sepamos porque tarda en oler.*

Porque es una conjunción causal. Expresa causa o motivo.

– *¿Por qué el oro fino perdió el brillo?*

Por es una preposición y *qué* es un pronombre interrogativo. Se emplea en este caso porque la oración es interrogativa directa.

– *Y eran porqués sin respuesta.*

Porqué es un sustantivo que expresa causa o razón, por lo que admite plural –como podemos comprobar en este caso– y puede ir en ocasiones precedido de un determinante.

3 Desde el **punto de vista formal:**

Sencillez en la expresión. Es más importante el contenido que la forma.

El carácter lineal de la narración, aunque se haga alguna alusión al presente desde el que se escribe la narración.

El deseo de presentar la realidad de forma objetiva, prescindiendo del narrador y dando a conocer los hechos a través de los propios personajes.

Limitación del tiempo y del espacio narrativo. En este fragmento el tiempo está prácticamente anulado porque pasado y presente se funden: el pasado sigue vigente en la memoria a través del recuerdo y para la narradora son casi una misma cosa. El espacio es muy limitado, el exterior prácticamente no existe, importa más el interior.

La intertextualidad en las frases del Eclesiastés: *¿Quién ennegreció el oro? ¿Por qué el oro fino perdió su brillo?*

El deseo de mostrar varias perspectivas sobre un mismo tema o analizar algo bajo distintos puntos de vista.

Desde el **punto de vista del contenido**:

La importancia de la memoria para rescatar el pasado del olvido. A través de ella se evocan tiempos anteriores, generalmente de la época de la infancia, adolescencia y juventud.

Refleja el dolor, la soledad y la falta de comunicación del hombre actual. Aunque el texto aparentemente es un diálogo, puesto que el "yo" se dirige a un "tú", Sofía, la segunda persona no participa en él, simplemente es la destinataria de la narración –recordemos que el fragmento corresponde a una carta que Mariana León envía a Sofía Montalvo–. La comunicación que se establece entre ambas no es oral y la carta es el puente que se tiende entre las dos para terminar con la incomunicación que han mantenido durante muchos años.

La exhibición de sentimientos, ambiciones, deseos o carencias que, aunque sean individuales en el texto pueden hacerse extensivos a otras muchas personas y convertirse en colectivos.

4 Remitimos al alumnado a su manual de Literatura.

Opción B

Comentario crítico

1 En el texto se presentan dos concepciones del teatro: el de la tragedia y el del esperpento.

El teatro de Buero Vallejo es un teatro comprometido. Su finalidad, según se desprende de este texto, no es la de divertir sino la de mostrar al espectador un conflicto humano o social con el que se identifique y frente al cual reaccione, que es lo que el dramaturgo entiende por "un teatro de hondo sentido trágico, de una profunda crítica social".

El dramaturgo quiere que el espectador se reconozca en los personajes, en sus emociones y limitaciones pero guarde el suficiente distanciamiento para que perciba la similitud de los conflictos que muestra la escena con los suyos propios o los de su época. Persigue –como en la tragedia clásica– que el espectador se enfrente con los problemas que se presentan en el escenario, reflexione sobre ellos de forma crítica y llegue a la catarsis o purificación. Buero Vallejo invita al espectador a no tomar una actitud meramente pasiva y contemplativa ante lo que observa a su alrededor sino a luchar activamente contra las injusticias (morales o políticas) y terminar con ellas.

Con el esperpento se puede reflejar igualmente una situación de profunda crítica social, como hizo el gran maestro en este género, Ramón María del Valle-Inclán, pero el distanciamiento tan acusado que se da entre la escena y el espectador y la ironía que lo envuelve pueden malograr el propósito del autor.

2 Los personajes que aparecen en el esperpento son marionetas o personajes a los que el autor intencionadamente convierte en "muñecos" para conseguir que el espectador se distancie más de los hechos y los enjuicie desde fuera. También, en ocasiones, para burlar la censura y poder realizar una crítica que, de otro modo, no se habría permitido. Pero para Buero Vallejo no es lo ideal porque se corre el riesgo de que no se produzca la catarsis, al no identificarse el espectador con los personajes o situarse por encima de ellos y de sus problemas.

3 – **Título.** La concepción del teatro de Buero Vallejo.

– **Partes.** En el texto se pueden establecer dos partes:

I. El primer párrafo: el teatro de Antonio Buero Vallejo.

El autor del texto define el teatro del dramaturgo –a partir de las opiniones que este ha manifestado en varias ocasiones– como un teatro de hondo sentido clásico y de profunda crítica social, opuesto al esperpento.

II. El segundo párrafo: el "distanciamiento" de la escena.

El autor recoge de nuevo la opinión expresada por el dramaturgo que manifiesta que en el teatro deben ir unidos el distanciamiento crítico y la participación afectiva del espectador con lo que ocurre en la escena.

Cuestiones de Lengua y Literatura

1 **a**) Es una oración compleja que está formada por una proposición principal: *en esa tragedia cabe una profunda crítica social*, una proposición subordinada adjetiva o de relativo, especificativa, que complementa a *crítica,* su antecedente: *que en el esperpento corre el peligro de* [malograrse], y una proposición de infinitivo: *malograrse* que es el núcleo del sintagma nominal del complemento de nombre *de malograrse*.

Proposición principal

Sujeto: *una profunda crítica social [que en el esperpento corre el peligro de malograrse]*. Determinante: *una*, adyacente: *profunda*, núcleo: *crítica*, adyacente: *social*, adyacente: la proposición adjetiva especificativa.

Predicado: *En esta tragedia cabe*. Sintagma preposicional: CC de *lugar en esta tragedia* (preposición: *en*, sintagma nominal: *esta tragedia*. Determinante: *esta*, núcleo: *tragedia*. Núcleo del predicado: *cabe*).

Proposición adjetiva o de relativo

Sujeto: el relativo *que,* que al mismo tiempo es también nexo.

Predicado: *en el esperpento corre el peligro de [malograrse]*. Sintagma preposicional CC de lugar: *en el esperpento* (preposición: *en*, sintagma nominal: *el esperpento*. Determinante: *el*, núcleo: *esperpento*); núcleo del predicado: *corre*. Sintagma nominal CD: *el peligro de [malograrse]*, determinante: *el*, núcleo: *peligro*, sintagma preposicional complemento de nombre: *de [malograrse]* preposición: *de*, sintagma nominal: la proposición de infinitivo.

Proposición de infinitivo

[*Malograrse* está compuesto por el infinitivo *malograr* + el pronombre *se*. Forma una proposición subordinada de infinitivo porque el pronombre *se* complementa a *malograr*.]

Sujeto omitido: *la crítica social* (determinante: *la*, núcleo: *crítica*, adyacente: *social*).

Predicado: *malograrse.* Núcleo: *malograr*, signo de pasiva refleja: *se*.

b) Buero Vallejo da mucha importancia en su teatro a la crítica social y, en efecto, el sujeto de las tres proposiciones que forman esta oración es *la crítica social* expresada en la proposición principal: *una profunda crítica social*, haciendo referencia a ella a través del relativo *que* (en la proposición subordinada de relativo) o evocándola a través de la elisión (en la proposición de infinitivo).

2 El texto forma parte de la introducción a la obra *El sueño de la razón* que ha realizado Mariano de Paco. Es un texto expositivo, con el que se pretende facilitar a los lectores la comprensión del teatro de Antonio Buero Vallejo en general, y de la citada obra en particular y explicar el sentido de este.

En él se pueden observar las tres partes características de la exposición: *la invención o documentación, la disposición u organización de los materiales y la elocución o elaboración final.* El autor parte de una documentación previa, que en este caso se circunscribe a las opiniones –orales o escritas– que el dramaturgo ha realizado en diversas ocasiones sobre su propio teatro. Es lo que se llama *invención* o acopio de datos. Expone estos con un orden determinado, el que se ha analizado en la estructura (disposición), y lo expone de forma concisa, con un lenguaje sencillo, culto, claro y apropiado (elocución), aunque es evidente que va dirigido a lectores con un nivel de estudios de tipo medio, con ciertos conocimientos sobre literatura.

3 El ser un texto **expositivo** cuya finalidad es facilitar la comprensión de la obra dramática de Antonio Buero Vallejo que, a su vez, intenta explicar al hombre desde el punto de vista existencial y social. Se aúnan en él lo pedagógico, lo existencial y lo social, temas que se incluyen dentro de las disciplinas humanísticas.

Se destacan las opiniones, verificables, del propio dramaturgo, no las del autor del texto. Con la documentación aportada –palabras textuales de

Buero Vallejo– Mariano de Paco pretende dar objetividad a lo expuesto y remarcar su veracidad, es decir, hacer un estudio “científico”, pero la esencia misma de la documentación no deja de ser subjetiva o, lo que es lo mismo, susceptible de otra posible interpretación, algo consustancial a lo humanístico.

La utilización de un lenguaje culto, dirigido a personas con conocimientos previos literarios; correcto, preciso, ordenado y claro.

El empleo de oraciones enunciativas en función referencial y de pasiva refleja.

El uso predominante del indicativo, modo de la realidad.

4 La penuria económica de nuestro país, el aislamiento político y la miseria en la que han quedado sumidos todos los españoles como consecuencia de la guerra civil. Los efectos devastadores de la contienda perduran en esos años, aunque el bloqueo internacional y el aislamiento que sufrió España había empezado a desaparecer al reabrirse algunas embajadas extranjeras, instalar Estados Unidos bases militares en nuestro país, firmarse el Concordato con la Santa Sede e incorporarnos a las Naciones Unidas.

La férrea censura establecida como consecuencia de la dictadura que gobierna España, que impide la libertad de expresión de los españoles en todos los ámbitos y tiende a sofocar cualquier tipo de disidencia política.

La falta de libertades de todo tipo, que dificulta la realización personal pero no la toma de conciencia política y social que se empieza a producir en nuestro país.

El analfabetismo de muchos españoles. El dirigismo cultural y la pérdida de intelectuales que han sido depurados u obligados a marcharse al exilio.

5 El alumnado la encontrará en su libro de texto.

CANARIAS

5

PRUEBA DE SELECTIVIDAD

ACLARACIONES PREVIAS

El alumno deberá elegir una de las dos opciones propuestas.

CRIMEN DE ESTADO

El 10 de mayo de 1940 los nazis se zampaban Holanda. No tardaron en comenzar las ejecuciones. El país ocupado había quedado reducido a la condición de esclavo por dos razones, porque había perdido el primero de los derechos humanos fundamentales: el derecho a la vida. Esclavo, también, porque había quedado dominado por un Estado totalitario, que autorizaba a sus verdugos (en este caso, los agentes de las SS) a quitar la vida.

Casi sesenta años después, el 28 de noviembre de 2000, Hitler ha vuelto a invadir Holanda. El país ha quedado de nuevo reducido a la condición de esclavo. Porque ha perdido el derecho a la vida y porque ha quedado dominado por un Estado totalitario, que autoriza a sus verdugos (médicos y enfermeras) a quitar la vida.

Con la legalización de la eutanasia, un país de la Unión Europea pasa a engrosar la lista de regímenes asesinos, como la Camboya de Pol Pot, el Chile de Pinochet o la URSS de Stalin. Desde el punto de vista jurídico y moral, no existe la menor diferencia. Monseñor Ersilio Tonini ha planteado la gravedad del asunto: "¿Puede el Estado autorizar a quitar la vida sin asumir la prepotencia del emperador que decía sí o no a los gladiadores?".

Se alega que, en este caso, es el enfermo terminal el que voluntariamente solicita la muerte. Pero el Estado no puede abdicar de su deber de proteger la vida, delegando su responsabilidad en la decisión del enfermo. La voluntad individual no es fuente de la legalidad. Nadie tiene derecho a morir, por la sencilla razón de que no existe el derecho a la muerte. El derecho a la vida no depende ni de la voluntad individual, ni del consenso social, ni del juego de las mayorías. Es universal e intangible y sirve para todos.

De acuerdo con las condiciones para aplicar la eutanasia establecidas en la ley neerlandesa habría que reducir parte de la población de los psiquiátricos, eliminar a muchas personas que padecen depresiones endógenas e incluso a algunos deficientes mentales. Porque ninguno de ellos tiene posibilidad de mejora, todos padecen sufrimientos morales insoportables y, en su desesperación, desean liberarse de la carga de la vida. No es ciencia-ficción, ni una metáfora de la Alemania nazi. La iniciativa holandesa incluye el mal de Alzheimer como posible justificante de la eutanasia, porque suponer un sufrimiento insoportable y la pérdida de la personalidad.

Alfonso Basallo.

Cuestiones

Opción A

1 Resumen del texto (2 puntos).

2 Comentario crítico-ideológico del texto (4 puntos).

3 Aspectos morfosintácticos y léxico-semánticos.

3.1. Extraiga del cuarto párrafo del texto los determinantes demostrativos y posesivos y los pronombres indefinidos, hable de ellos y comente su valor textual (1,5 puntos).

3.2. Elabore un comentario sobre el tiempo predominante de las formas verbales del último párrafo del texto (1,5 puntos).

4 Aspectos estilísticos.

Indique y comente el recurso estilístico utilizado en el siguiente enunciado del tercer párrafo del texto: *¿Puede el Estado autorizar a quitar la vida sin asumir la prepotencia del emperador que decía sí o no a los gladiadores?* (1 punto).

Opción B

1 Resumen del texto (2 puntos).

2 Comentario crítico-ideológico del texto (4 puntos).

3 Aspectos morfosintácticos y léxico-semánticos.

3.1. Extraiga del primer párrafo las formas verbales personales, defínalas y descomponga sus partes (1,5 puntos).

3.2. Defina mediante un enunciado la palabra *eutanasia* y justifique el uso de esta palabra en el texto (1,5 puntos).

4 Aspectos estilísticos.

Indique y comente el recurso estilístico utilizado en el siguiente enunciado del primer párrafo del texto: *El 10 de mayo de 1940 los nazis se zampaban Holanda* (1 punto).

SOLUCIÓN DE LA PRUEBA

Opción A

1 El estado holandés se ha convertido en un estado totalitario asesino al igual que el de Hitler, Pol Pot, Pinochet o Stalin al legalizar la eutanasia, porque no existe el derecho a la muerte sino el derecho a la vida y el Estado tiene la obligación de protegerlo.

2 Comentario libre. Para facilitar al alumnado su elaboración, recordamos que lo que se le pide es que reconozca la tesis, la estructura, los argumentos y los refuerzos utilizados por el autor del texto. Posteriormente debe indicar la relevancia y actualidad del tema y manifestar su opinión sobre él.

El alumnado debe mostrar su acuerdo o desacuerdo con el autor pero ha de argumentar su opinión y rebatir, si lo cree necesario, lo que se expresa en el texto, con coherencia, corrección y la utilización de un registro lingüístico adecuado.

Para facilitar esta labor, recogemos lo más significativo del texto.

– **Tesis:** Rechazo de la eutanasia y defensa del derecho a la vida.

– **Estructura:** Estamos ante un texto **argumentativo** en el que se puede establecer la siguiente estructura: paralelismo entre dos situaciones, que sirve de preámbulo y toma de conciencia de la tesis que se expone a continuación.

Comienza el texto estableciendo un paralelismo entre la esclavitud que sufrió Holanda al depender el derecho a la vida de sus ciudadanos del poder totalitario de Hitler y los agentes de las SS, y la esclavitud que sufre en la actualidad, casi sesenta años después, al legalizarse la eutanasia **(argumentación por analogía)**. Ambas situaciones se identifican, según el autor, porque el Estado se arroga el derecho a la vida de los ciudadanos al permitir terminar con ella. Esta reflexión conduce a la tesis.

El autor defiende que, al legalizar la eutanasia, Holanda se ha convertido en un estado totalitario asesino *(tesis)* como otros que han sido condenados unánimemente por el mundo civilizado: el de Hitler, Pol Pot, Pinochet y Stalin porque ni jurídica ni moralmente existen diferencias entre ellos (nueva **argumentación por analogía**), y apoya su opinión en la de Monseñor Ersilio Tonini que acusa a los estados que lo autorizan de prepotentes **(argumento de autoridad)**.

Se refuta el principal argumento de los defensores de la eutanasia [que el enfermo terminal es quien pide para sí mismo la muerte], con argumentos jurídicos:

a) El Estado no puede abdicar de su deber de proteger la vida delegando su responsabilidad.

b) La voluntad individual no es fuente de la legalidad.

c) No existe derecho a la muerte.

Y se defiende de nuevo el derecho a la vida afirmando que *"no depende ni de la voluntad individual, ni del consenso social ni del juego de las mayorías. Es universal e intangible y sirve para todos"*.

Por último, el autor refuerza la tesis señalando el peligro que puede traer consigo la eutanasia: el encubrimiento de parte de la población de los psiquiátricos, personas con depresiones endógenas, deficientes mentales o enfermos de Alzheimer.

3

3.1. Determinantes demostrativos

en <u>este</u> caso

Morfológicamente es un adjetivo demostrativo que acompaña al sustantivo *caso* y concuerda con él en género y número. Va siempre antepuesto al sustantivo. Se opone a las formas *esta* (femenino singular), *estos* (masculino plural) y *estas* (femenino plural).

Desde el punto de vista sintáctico es un determinante que complementa al sustantivo *caso*, dentro de un sintagma preposicional compuesto de preposición + sintagma nominal.

Desde el punto de vista semántico, es un deíctico que señala la proximidad en el tiempo, del caso del que se está hablando, al "ahora" del lector (deixis temporal) y en el espacio, en contraposición a los más lejanos *ese* y *aquel* (deixis espacial).

Tiene también en este párrafo un valor anafórico, referido a *la eutanasia*.

Determinantes posesivos

Su deber. Su responsabilidad.

Desde el punto de vista morfológico *su* es un adjetivo posesivo que acompaña a un sustantivo: *caso / responsabilidad* y concuerda con él en género y número. Es una forma apocopada que va antepuesta siempre al sustantivo al que acompaña y no admite variación más que en el número *(sus)*.

Desde el punto de vista sintáctico es un determinante que acompaña a un sustantivo *deber/responsabilidad* dentro de un sintagma preposicional compuesto de preposición + sintagma nominal *(de su deber)*, y de un sintagma nominal *(su responsabilidad)*.

Desde el punto de vista semántico se relaciona con la tercera persona, en este caso *de el/del gobierno* –al que hace referencia anafóricamente–, indicando una relación de pertenencia.

Pronombres indefinidos

Nadie tiene derecho a morir.

Sirve para todos.

Nadie: desde el punto de vista morfológico es un pronombre indefinido que no admite variación para indicar género ni número.

Desde el punto de vista sintáctico es el núcleo del sujeto de la proposición principal de la oración *nadie tiene derecho a morir, por la sencilla razón de que no existe derecho a la muerte.*

Desde el punto de vista semántico, *nadie* se refiere solo a personas, nunca a cosas, e indica 'ninguna persona'.

Todos: desde el punto de vista morfológico es un pronombre indefinido masculino plural. Se opone a las formas *todo* (masculino singular), *toda* (femenino singular), *todas* (femenino plural).

Desde el punto de vista sintáctico forma parte de un sintagma preposicional formado por la preposición *para* + el pronombre, que equivale a un sintagma nominal y que hace la función de CI.

Desde el punto de vista semántico expresa la totalidad sin exclusión ninguna, sean individuos, mayorías, estados, etc.

3.2. El tiempo verbal que predomina en el último párrafo del texto es el presente de indicativo en voz activa: *padecen, tiene, desean, es, incluye, supone.* Son presentes que no tienen un valor actual, sino habitual. La acción de estos verbos se realiza en el presente pero se realizaba ya en el pasado y se seguirá realizando en un futuro más o menos cercano al presente.

4 Es una pregunta retórica de la que no se espera ninguna respuesta por parte del receptor porque el emisor da por supuesto que no cabe otra opción que asentir con lo que se dice, en este caso, que todo estado que autoriza a quitar la vida asume la prepotencia del emperador romano que decidía la vida o la muerte de los gladiadores en los circos.

CANTABRIA

6

PRUEBA DE SELECTIVIDAD

ACLARACIONES PREVIAS

1. Deberá elegir una opción de las dos que se ofrecen.
2. La duración total de la prueba es de una hora y media. Además, contará con quince minutos para la lectura atenta de las opciones y para decidir cuál desarrollará.
3. Puede repartir el tiempo como desee; no obstante, de un modo indicativo, se aconseja reservar los quince minutos iniciales para la lectura atenta de las dos opciones; dedicar cuarenta minutos para el comentario crítico y la elaboración del resumen o esquema del texto; veinte minutos para las cuestiones de Lengua; veinte minutos para las de Literatura; y los diez minutos restantes, al repaso de las contestaciones.
4. La valoración de la prueba es de diez puntos; la puntuación máxima otorgada a las preguntas figura a la izquierda de cada una. En la puntuación final del ejercicio se valorará la expresión escrita y la presentación del examen.

Opción 1

Del zapatero se podía dudar, pero refrenado por el señor Cástulo, no. Y este, que era hombre prudente, buscaba, al aparecer, el arrimo de Paco el del Molino. ¿Con qué fin? Había oído al cura hablar de elecciones. A las preguntas del cura, el señor Cástulo decía evasivo: "Un runrún *que corre". Luego, dirigiéndose al padre del novio, gritó con alegría:*

—Lo importante no es si ponen o quitan rey, sino saber si la rosada mantiene el tempero de las viñas. Y si no, que lo diga Paco.

—Bien que le importan a Paco las viñas en un día como hoy –dijo alguien.

Con sus apariencias simples, el señor Cástulo era un carácter fuerte. Se veía en sus ojos fríos y escrutadores. Al dirigirse al cura antes de decir lo que se proponía hacía un preámbulo: "Con los respetos debidos...". Pero se veía que esos respetos no eran muchos.

Iban llegando nuevos invitados y parecían estar ya todos.

Sin darse cuenta habían ido situándose por jerarquías sociales. Todos de pie, menos el sacerdote, se alineaban contra el muro, alrededor de la sala. La importancia de cada cual –según las propiedades que tenía– determinaba su proximidad o alejamiento de la cabecera del cuarto en donde había dos mecedoras y una vitrina con mantones de Manila y abanicos de nácar, de los que la familia estaba orgullosa.

Al lado, en una mecedora, Mosén Millán. Cerca de los novios, de pie, recibiendo los parabienes de los que llegaban, y tratando con el dueño del único automóvil de alquiler que había en la aldea el precio del viaje hasta la estación de ferrocarril. El dueño del coche, que tenía la contrata del servicio de correos, decía que le prohibían llevar al mismo tiempo más de dos viajeros, y tenía uno apalabrado, de modo que serían tres si llevaba a los novios. El señor Cástulo intervino, y ofreció llevarlo en su automóvil. Al oír este ofrecimiento, el cura puso atención. No creía que Cástulo fuera tan amigo de la familia.

Ramón J. Sender: Réquiem por un campesino español.

Cuestiones

1 Resumen del texto (2 puntos).

2 Comentario crítico:

a) Juicio crítico razonado acerca del tema del texto (1,5 puntos).
b) Interés del texto y vigencia de su mensaje (1,5 puntos).

3 Cuestiones de Lengua y Literatura:

a) Análisis sintáctico global del fragmento: *El dueño del coche, que tenía la contrata del servicio de correos, decía que le prohibían llevar al mismo tiempo más de dos viajeros, y tenía uno apalabrado, de modo que serían tres si llevaba a los novios* (2,5 puntos).
b) Analice los personajes que aparecen en este fragmento (2,5 puntos).

Opción 2

(Adela queda en escena dudando; después de un instante se va también rápida hasta su habitación. Salen BERNARDA y LA PONCIA).

BERNARDA.—*¡Malditas particiones!*

LA PONCIA.—*¡Cuánto dinero le queda a Angustias!*

BERNARDA.—*Sí.*

LA PONCIA.—*Y a las otras, bastante menos.*

BERNARDA.—*Ya me lo has dicho tres veces y no te he querido replicar. Bastante menos, mucho menos. No me lo recuerdes más.*

(Sale ANGUSTIAS muy compuesta de cara).

Bernarda.—¡Angustias!
Angustias.—Madre.
Bernarda.—¿Pero has tenido valor de echarte polvos en la cara? ¿Has tenido valor de lavarte la cara el día de la muerte de tu padre?
Angustias.—No era mi padre. El mío murió hace tiempo. ¿Es que ya no lo recuerda usted?
Bernarda.—Más debes a este hombre, padre de tus hermanas, que al tuyo. Gracias a este hombre tienes colmada tu fortuna.
Angustias.—¡Eso lo teníamos que ver!
Bernarda.—Aunque fuera por decencia. ¡Por respeto!
Angustias.—Madre, déjeme usted salir.
Bernarda.—¿Salir? Después de que te hayas quitado esos polvos de la cara. ¡Suavona! ¡Yeyo! ¡Espejo de tus tías! (Le quita violentamente con un pañuelo los polvos). *¡Ahora, vete!*
La Poncia.—¡Bernarda, no seas tan inquisitiva!
Bernarda.—Aunque mi madre esté loca, yo estoy en mis cinco sentidos y sé perfectamente lo que hago.

Federico García Lorca: La casa de Bernarda Alba.
(fragmento del acto primero)

Cuestiones

1 Esquema del texto (2 puntos).

2 Comentario crítico (3 puntos):
a) Enjuicie las ideas y razone los argumentos (1,5 puntos).
b) Finalidad e intención comunicativa (1,5 puntos).

3 Cuestiones de Lengua y Literatura:
a) Funciones del lenguaje presentes en el texto (2,5 puntos).
b) Técnica y estilo de la obra a la que pertenece el texto (2,5 puntos).

SOLUCIÓN DE LA PRUEBA

Opción 2

1 En el texto se pueden observar tres partes:

I. Diálogo entre Bernarda y La Poncia: la herencia de las hijas de Bernarda.
II. Diálogo entre Bernarda y Angustias: se evidencian posibles conflictos dramáticos y la dureza de Bernarda con su hija Angustias.
III. Diálogo entre La Poncia y Bernarda: la dictadura que ejerce Bernarda.

2 **a)** En toda obra de teatro pueden distinguirse tres partes: *planteamiento, nudo y desenlace*. El fragmento que comentamos, como se indica en el examen, pertenece al acto primero de *La casa de Bernarda Alba* de García Lorca, lo que condiciona lógicamente su contenido. En el planteamiento el dramaturgo ha de presentar a los personajes, definir sus caracteres, apuntar el conflicto dramático que se va a desarrollar y presentar el tiempo y el espacio en el que se desenvuelve la acción.

En la **primera parte** se presenta a los personajes Bernarda y La Poncia. A través de su diálogo percibimos la "cercanía" existente entre las dos mujeres y se muestra uno de los aspectos que dará lugar al conflicto: Angustias ha heredado una gran suma de dinero y sus hermanas bastante menos; luego todo parece indicar que el dinero será un factor determinante en la trama. También se sugiere que en la tragedia habrá un enfrentamiento entre Angustias y "las otras".

En la **segunda parte** se presenta en escena al personaje de Angustias, del que se hablaba anteriormente y se manifiesta el carácter autoritario de Bernarda. Angustias trata con respeto a su madre, pero a través del diálogo que mantienen se percibe la tensión existente entre ambas, se anticipan al lector o espectador las posibles causas de esta y la rebelión de la joven que no acepta la situación.

Se habla de la muerte de un hombre, marido de Bernarda y padrastro de Angustias, que se perfila como el motor desencadenante del conflicto. Este dato sirve para que se comprenda el motivo de la desigual herencia que habían recibido las hijas de Bernarda y el porqué de la separación que se sugiere entre Angustias y "las otras".

Para Bernarda la muerte conlleva luto, tristeza y reclusión. Pero Angustias rompe el luto con la pintura que se ha puesto en la cara, no siente dolor por la pérdida del que fuera marido de su madre y manifiesta el deseo de salir de la casa.

El enfrentamiento entre las dos sirve para dar otras "claves" del conflicto dramático: la labor inquisitorial de Bernarda, su concepto de honor y la decencia situado por encima de la comprensión y del amor maternal, y la dureza con la que trata a su hija Angustias, a la que acusa de *suavona* y *espejo de tus tías*.

En la **tercera parte** se definen de nuevo los personajes de La Poncia y Bernarda. Contrasta la actitud "comprensiva" de la primera, que intenta que Bernarda suavice la actitud adoptada con su hija, y la de Bernarda, que responde como una dictadora.

Se presenta también un nuevo personaje, por alusión, la madre de Bernarda, cuyas facultades mentales están mermadas.

b) La principal finalidad del texto **dramático** es la de "contar" una historia, un conflicto dramático, sin necesidad de narrador, sirviéndose del diálogo establecido entre los personajes y de las acotaciones que se incluyen de vez en cuando entre este.

Pero no hemos de olvidar que el texto dramático se escribe para ser representado sobre un escenario, donde las palabras cobran vida a través de la interpretación que hacen los actores y en el cual intervienen otros muchos factores como el espacio escénico, los decorados, la iluminación, los efectos especiales, la expresión corporal, el vestuario, el maquillaje, etc., que ayudan a conformar el espectáculo total, suma de texto y montaje escénico. Igualmente hay que recordar la intervención del director de escena que puede influir de forma decisiva en el resultado final de la obra y decidir tanto como el autor la intención comunicativa de lo que se representa.

Ciñéndonos al texto propuesto, su principal finalidad es la de transmitir, a través del diálogo de los personajes, información suficiente al espectador o al lector para que conozca a los personajes que intervienen en la trama y se interese por los conflictos que se desarrollarán entre estos hasta desembocar en la tragedia final que ya se intuye desde el primer acto.

Es importante destacar el papel de las acotaciones, diferenciadas del resto del texto por ir entre paréntesis y estar escritas en letra redonda. Las acotaciones en este caso sirven para que el lector se imagine la situación o los movimientos que realizan los personajes, a fin de que "visualice" la escena. En el caso de que el fragmento fuera representado, servirían para ayudar al director a realizar el montaje teatral, indicándole el movimiento de los actores, la salida o entrada en escena de estos, el maquillaje o el vestuario, etc.

3 **a) Función representativa:** a través de ella se transmiten al lector o espectador las informaciones precisas para que pueda conocer a los personajes y entender el conflicto dramático. Se relaciona con el referente. Está presente en todo el texto, aunque se combine con otras funciones en algunos parlamentos de los personajes. Esta función es predominante en frases como:

"*Y a las otras bastante menos*" (La Poncia), "*No era mi padre. El mío murió hace tiempo*" (Angustias) o "*Aunque mi madre esté loca, yo estoy en mis cinco sentidos y sé perfectamente lo que hago*" (Bernarda).

Función expresiva o emotiva: aporta, además de la información que transmiten las frases, otras adicionales sobre la personalidad, emociones o estado de ánimo de ciertos personajes. Se relaciona con el emisor. Podemos encontrarla en frases como:

¡Malditas particiones! (Bernarda): señala la preocupación o contrariedad de Bernarda por los problemas que estas traen o pueden traer.

¡Eso lo teníamos que ver! (Angustias): manifiesta el grado de descontento y la actitud de rebeldía de la joven.

Función apelativa: tiene la finalidad de influir en la actuación de los demás. Va dirigida al receptor. Se puede observar en:

Ya me lo has dicho tres veces y no te he querido replicar. Bastante menos, mucho menos. No me lo recuerdes más (Bernarda): Bernarda intenta imponer el silencio porque no le interesan las observaciones que hace La Poncia, anuncio de próximas tensiones entre las hijas de Bernarda.

¿Es que ya no lo recuerda usted? (Angustias): la joven pretende que Bernarda establezca la diferencia entre Angustias y sus hermanas, la muerte de su padrastro y no la de su padre, y actúe en consecuencia: le deje libertad.

Aunque fuera por decencia. ¡Por respeto! (Bernarda): imposición por la fuerza de unas normas establecidas por Bernarda y la sociedad cerrada que ella representa.

Madre, déjeme usted salir. (Angustias): reto o súplica para que se respete su libertad y se deje vía libre a sus pasiones.

¿Salir? Después de que te hayas quitado esos polvos de la cara. ¡Suavona! ¡Yeyo! ¡Espejo de tus tías! ¡Ahora vete! (Bernarda): imposición por la fuerza de sus deseos.

¡Bernarda, no seas tan inquisitiva! (La Poncia): deseo de que cambie de actitud mediante el consejo que le da.

Función fática: su finalidad es la de establecer la comunicación o verificar si se mantiene. Se relaciona con el canal. Podemos encontrarla al principio de la escena entre Bernarda y Angustias:

BERNARDA.— *¡Angustias!*

ANGUSTIAS.— *Madre.*

En algunos casos aparecen dos o más funciones de forma simultánea:

BERNARDA.— *¿Pero has tenido el valor de echarte polvos en la cara? ¿Has tenido valor de lavarte la cara el día de la muerte de tu padre?* (apelativa, expresiva).

ANGUSTIAS.— *No era mi padre. El mío murió hace tiempo* (representativa y expresiva).

BERNARDA.— *Más debes a ese hombre, padre de tus hermanas, que al tuyo. Gracias a ese hombre tienes colmada tu fortuna* (representativa, expresiva, apelativa).

La función poética, aunque estemos ante un texto literario en el que se cuida de manera especial la forma lingüística, no es predominante en este fragmento.

b) Remitimos al alumnado a su libro de texto o a manuales de Literatura.

CASTILLA-LA MANCHA

7

PRUEBA DE SELECTIVIDAD

ACLARACIONES PREVIAS

Elija una de las dos opciones, “A” o “B”.

Opción A

Entre el velo de la lluvia
que pone gris el paisaje,
pasan las vacas, volviendo
de la dulzura del valle.

Las tristes esquilas suenan
alejadas, y la tarde
va cayendo tristemente
sin estrellas ni cantares.

La campiña se ha quedado
fría y sola con sus árboles;
por las perdidas veredas
hoy no volverá ya nadie.

Voy a cerrar mi ventana
porque si pierdo en el valle
mi corazón, quizás quiera
morirse con el paisaje.

Juan Ramón Jiménez: Arias tristes, 1903.

Cuestiones

1 Resuma el contenido del poema (1 punto).

2 Explique el concepto de “texto” y comente sus propiedades (1 punto).

3 Comente el modo y el aspecto verbal. Cite ejemplos del poema de Juan Ramón Jiménez (1 punto).

4 Análisis sintáctico (2 puntos).

Voy a cerrar mi ventana porque si pierdo en el valle mi corazón, quizás quiera morirse con el paisaje.

5 Elija una de las dos cuestiones (3 puntos).

- Comente los rasgos fundamentales de la literatura del Modernismo/Generación del 98.
- Comente las etapas y rasgos esenciales de la poesía de Juan Ramón Jiménez.

6 Comentario crítico (2 puntos).

Exponga su punto de vista sobre la desaparición del mundo rural, de su cultura, tradiciones, etc., o cualquier otro aspecto que, relacionado con este tema, considere de interés.

Opción B

La iglesia se colmó y también la calle hasta donde abarcaba la vista. Los primeros bancos los ocupaban las mujeres, que ya estaban allí cuando nosotros llegamos. Plañían y rezaban y oscilaban al borde del colapso. Luego se agolpaba en las naves una multitud silente y respetuosa. En la calle, por el contrario, reinaba un gran alboroto. La reunión de todos los financieros barceloneses producía discusiones, altercados, regateos, acercamientos oportunistas, tanteos y sugerencias. Los secretarios no cesaban de anotar y de llevar recados de un lado para otro, abriéndose paso a codazos, febriles por concluir antes que nadie la transacción.

Al salir del templo me topé con Lepprince.

—¿Qué se dice por ahí?— me preguntó.

—¿Por ahí? ¿Dónde?

—Pues, por ahí..., en los periódicos, en la calle. ¿Qué dice Cortabanyes? Yo no he abandonado la casa en estos dos días, prácticamente. Justo el tiempo de cambiarme de ropa, tomar un baño y comer algo.

—Todo el mundo comenta la muerte del señor Savolta, como es natural, pero no se ha esclarecido nada, si es a eso a lo que se refiere.

—Claro que me refiero a eso. ¿En qué sentido se dirigen las sospechas?

—El atentado vino de fuera. Se descarta que haya podido ser uno de los asistentes.

—Yo no descartaría nada, si fuera policía, pero estoy de acuerdo en que no fue cuestión personal.

Eduardo Mendoza: La verdad sobre el caso Savolta, *1975.*

Cuestiones

1 Resuma el contenido del fragmento (1 punto).

2 Comente los mecanismos de cohesión léxicos y semánticos del texto propuesto (1 punto).

3 Explique las características lingüísticas de los textos narrativos. Indique ejemplos del texto (1 punto).

4 Análisis sintáctico (2 puntos).

Yo no descartaría nada, si fuera posible, pero estoy de acuerdo en que no fue cuestión personal.

5 Elija una de las dos cuestiones (3 puntos):

- Exponga la importancia de la renovación de las técnicas narrativas en la novela de los años 60/70 y cite autores y títulos representativos.
- Tendencias más destacadas y autores más representativos de la narrativa española a partir de 1975.

6 Comentario crítico (2 puntos).

Exponga su punto de vista sobre la violencia en la sociedad actual, sus causas, consecuencias, o cualquier otro aspecto que, relacionado con este tema, considere de interés.

SOLUCIÓN DE LA PRUEBA

Opción A

1 Descripción casi pictórica de un paisaje gris, lluvioso, triste, solitario y melancólico, de atmósfera intimista, con el que el poeta parece identificarse al final del poema con cierta complacencia.

2 El alumnado puede encontrar con facilidad la respuesta en cualquier manual de Lengua y Literatura.

3 El **modo** es la categoría gramatical con la que el emisor muestra su actitud ante la acción o el proceso verbal. En español existen tres modos: indicativo, subjuntivo e imperativo.

En el poema aparece fundamentalmente el indicativo, el modo con el que se expresa la realidad –en la descripción del paisaje–: *pone, pasan, suenan, va cayendo, ha quedado, volverá, voy a cerrar, pierdo*. Solo existe una forma de subjuntivo, el modo con el que se expresa lo irreal o lo hipotético, en este caso lo segundo: la forma *quiera*. El imperativo, utilizado para formular órdenes o mandatos no aparece en el poema.

El **aspecto** es la categoría gramatical con la que se expresa el proceso interno de la acción verbal. Las gramáticas distinguen los siguientes aspectos: imperfectivo, perfectivo, puntual, durativo, ingresivo, incoativo, egresivo, reiterativo, resultativo, repetitivo.

Casi todas las formas verbales que aparecen en el texto son imperfectivas puesto que la acción verbal se presenta en su transcurso sin que haya finalizado y durativas porque su acción se prolonga en el tiempo: *pone, volviendo, suenan, va cayendo, volverá, morirse*, excepto la forma *pierdo* que es puntual.

Es incoativa la perífrasis verbal *voy a cerrar* ya que se presenta la acción poco antes de iniciarse. Tiene aspecto resultativo la forma *ha quedado*: la acción se percibe como un proceso ya finalizado.

4 Es una oración compleja formada por una proposición principal: *voy a cerrar mi ventana*, de la que depende una proposición subordinada adverbial causal: *porque quizás quiera morirse con el paisaje*, dentro de la cual existe otra proposición subordinada adverbial condicional: *si pierdo en el valle mi corazón*.

Proposición principal

Sujeto: está omitido, es el sintagma nominal *yo* [pronombre personal].

Predicado: *Voy a cerrar mi ventana [porque si pierdo en el valle mi corazón, quizás quiera morirse con el paisaje]*. Núcleo del predicado: *voy a cerrar* (perífrasis verbal), sintagma nominal CD: *mi ventana* (determinante: *mi*, núcleo: *ventana*). CC de causa: la proposición subordinada adverbial causal.

Proposición subordinada adverbial causal

Nexo: *porque*

Proposición: *[si pierdo en el valle mi corazón], quizás quiera morirse con el paisaje*.

Sujeto: está omitido, es el sintagma nominal *mi corazón* (determinante: *mi*, núcleo: *corazón*).

Predicado CC condicional: la proposición subordinada adverbial condicional. Sintagma adverbial, CC de duda, núcleo: *quizás*. Núcleo del predicado: *quiera morir* [perífrasis verbal], signo de voz media: *se* [amalgamado con *morir*: *morirse*]; sintagma preposicional CC de compañía: *con el paisaje* (preposición: *con*, sintagma nominal: *el paisaje*. Determinante: *el*, núcleo: *paisaje*).

Proposición subordinada adverbial condicional

Nexo: *si*.

Proposición: *pierdo en el valle mi corazón*.

Sujeto: está omitido, es el sintagma nominal *yo* [pronombre personal].

Predicado: *pierdo en el valle mi corazón*. Núcleo: *pierdo*. Sintagma preposicional CC de lugar: *en el valle* (preposición: *en*, sintagma nominal: *el valle*. Determinante: *el*, núcleo: *valle*). Sintagma nominal CD: *mi corazón*. Determinante: *mi*, núcleo: *corazón*.

5 Cualquiera de las dos preguntas las podrá encontrar el alumnado en su manual de Lengua y Literatura.

6 Respuesta libre y abierta. Como orientación, si el alumno opina que el mundo rural, su cultura y tradiciones han desaparecido puede:

- exponer las causas que han llevado a esta situación;
- analizar las posibles consecuencias que esto conlleva:
- sugerir ideas para que este abandono no se produzca y se recuperen la cultura y tradiciones populares.

Pero también puede apoyar la idea de que el mundo rural, su cultura y tradiciones perviven. En ese caso debe argumentar su opinión aportando los razonamientos que crea oportunos y que defiendan su tesis.

En definitiva, lo importante no es el punto de partida; lo que se pide es que exponga su opinión (tesis) y la argumente (inductiva o deductivamente), a partir de su propia experiencia o conocimientos; apoyando la argumentación en la realidad que le rodea, la autoridad de otras personas u organismos o refutando –si lo cree necesario– opiniones que sean tópicas sobre este asunto. Puede también reforzar su tesis con una conclusión.

El texto resultante ha de tener coherencia y cohesión, mostrar el uso de un nivel lingüístico apropiado, ofrecer un amplio y escogido vocabulario y manifestar un uso correcto de la ortografía. Por último, el alumnado deberá cuidar de forma especial la presentación de su escrito.

8

CASTILLA Y LEÓN

PRUEBA DE SELECTIVIDAD

ACLARACIONES PREVIAS

Lea atentamente el siguiente texto. A continuación responda a las cuestiones propuestas correspondientes al Análisis de texto, Lengua y Literatura. Recuerde que este es un ejercicio único y debe ir todo junto en la misma carpeta.

Opción A

ESTORNINOS

Durante estos días de febrero se produce en la ciudad de Valencia un fenómeno muy curioso. A la caída de la tarde decenas de miles de estorninos en medio de un griterío ***histérico*** *buscan acomodo para pasar la noche en las ramas de los plátanos y enormes ficus de la Gran Vía Marqués del Turia. Llegada la oscuridad, de pronto, los pájaros* enmudecen *y se ponen a dormir. Son pájaros valencianos. Esto significa que en su cerebro de cacahuete, aún dentro del sueño, tiene codificada la más compleja variedad de ruidos que incluye toda clase de pólvora, petardo y tracas. Jamás se habían* ***inmutado.***

Pero aquella noche del 23 de febrero de 1981, de eso se cumple ahora el vigésimo aniversario, los estorninos oyeron un extraño sonido que sus genes no habían registrado nunca desde el tiempo de los dinosaurios e incluso mucho antes. Los carros de combate del golpista Milans del Bosch cruzaban en ese momento por la avenida envueltos en un fragor muy oscuro que no solo conmovió *las raíces de los árboles sino también el corazón de aquellos pájaros que dormían. Yo me encontraba allí y parecía que se estaba abriendo la tierra. Tal vez ellos sintieron que había cambiado el orden natural de las cosas porque es un hecho cierto que aquellos miles de estorninos huyeron en* desbandada *en mitad de la noche hacia un punto desconocido. Pero sucedió algo más* ***enigmático*** *todavía. Los pájaros no regresaron a Valencia hasta tres días después y aunque el golpe de estado había fracasado por lo visto no se fiaron del mensaje del Rey en la madrugada ni del pacto del capó a la mañana siguiente ni tampoco les tranquilizó ver que se llevaban preso a Tejero.*

Hasta ahora sigue siendo un misterio el lugar que eligieron los pájaros para ponerse a salvo. Puede uno imaginar que estuvieron volan-

do tres noches seguidas sobre el mar. O que se escondieron en el nido que tenían en el fondo de la tierra. O que se convirtieron cada uno en una estrella. ¿Demasiado lírico, no es cierto? Al fin y al cabo otros pájaros más ***siniestros*** *también desaparecieron aquella noche: el silencio medido que guardaron esas aves del paraíso que son los obispos, la cabeza bajo el ala que pusieron algunos políticos* demócratas, *la zona oscura donde permanecen todavía desde entonces muchos conjurados civiles. Los estorninos nunca se equivocan. Si regresaron a la ciudad fue porque sabían que la libertad en este país sería ya definitiva.*

Manuel Vicent: El País.

Cuestiones

1 Análisis de texto (máx. 3,5 puntos).

1.1. Haga un *breve* resumen redactado del texto (máx. 0,5 puntos).

1.2. Realice un *esquema* de la estructura del texto, en el que se visualicen las distintas partes y sus contenidos (máx. 1 punto).

1.3. Efectúe un comentario crítico atendiendo a los siguientes aspectos (máx. 2 puntos):

a) Las ideas del autor, sus matices, importancia, actualidad...

b) El orden y la coherencia en el desarrollo de las ideas.

c) La forma de exposición: propiedad, claridad, eficacia...

2 Lengua española (máx. 4 puntos).

2.1. Analice sintácticamente el siguiente fragmento (máx. 2 puntos):

Tal vez ellos sintieron que había cambiado el orden natural de las cosas porque es un hecho cierto que aquellos miles de estorninos huyeron en desbandada en mitad de la noche hacia un punto desconocido.

2.2. Analice morfológicamente las siguientes palabras que aparecen en el texto (identificación y definición de la clase de palabra y su división en elementos constituyentes cuando sea posible) (máx. 1 punto): *enmudecen* (línea 6), *conmovió* (línea 15), *desbandada* (línea 19), *demócratas* (línea 32).

2.3. Explique el significado de las siguientes palabras que aparecen en el texto (máx. 1 punto): ***histérico*** (línea 3), ***inmutado*** (línea 9), ***enigmático*** (línea 20), ***siniestros*** (línea 30).

3 Literatura española (máx. 2,5 puntos).

3.1. En algunas obras de Valle-Inclán hay una crítica contra el ejército. Desarrolle de manera general el siguiente tema de literatura relacionado con el texto: *El teatro español anterior a 1939, Valle-Inclán.*

Opción B

EL CESTO DE LA ABSTENCIÓN

La abstención es una posibilidad sugerente: rechazar la política que se hace, rechazar el sistema tal como es, ser muy exigente, repudiar la propaganda y el **gregarismo,** *censurar la componenda y la* charlatanería, *afirmar la individualidad, no tragar, exhibir la diferencia y la decepción, mostrar una pasividad que se pretende reactiva, vestirse con una mueca de superior desdén, demostrar que se es utópico, que se ama lo absoluto, que no se casa uno con nadie. Con nadie de esos. Mmmm, apetece. Pero la abstención, en la práctica, no es eso. No hay un partido de la abstención. Hay un cesto, una ensaladilla. Incluso una caja de Pandora que puede hacer pum. ¿*Quiénes *se abstienen? Algunos analistas, desde dentro o desde fuera de la política, se apropian de ese treinta, cuarenta o cincuenta por ciento de abstencionistas. No están atentos a los vectores de lo cotidiano. Hay gente, mucha gente, que no va a votar porque le duele un pie, porque está enferma, porque viaja, porque trabaja, porque tiene unos asuntos, porque se va de fin de semana, porque tiene un cumpleaños, una boda o un entierro, porque llueve, porque hace frío, porque hace calor, porque está muy vieja, porque está muy joven y muy verde, porque le toca cuidar de alguien, porque tiene resaca, porque tiene un plan, porque no le apetece, sin más. Soñar con que toda la abstención es una abstención ilustrada,* **cabal,** *deliberada,* **interpeladora,** *recusadora,* utopista, *es eso, soñar.*

También en la abstención hay paletadas de aristocratismo. No mezclarse, repudiar el sistema participativo. Fascismo que se queda en casa para no contaminarse, para no descender a lo común. Esnobismo, diferencia impostada. No se aviene a la posibilidad del voto en blanco, demasiado pringue. En la abstención hay minorías intelectuales, heridas por la realidad de las cosas, con buena o mala intención y algo de soberbia, y hay ignorancia, pasotismo de quinta, ausencia total de interés por lo de todos. Sabemos lo que son los partidos, sus mañas y sus triquiñuelas, su **clientelismo** *y su bovinismo. Pero sepamos también lo que es la* variopinta *abstención, tan hecha de retales, dolencias e indolencias.*

Y recordemos que la ausencia o la falsificación total del voto tiene un nombre: dictadura. Votar es difícil, pero, cuando es posible, es cómo decirlo, ¿lo mejor que hay?

Manuel Hidalgo: El Mundo.

Cuestiones

1 Análisis de texto (máx. 3,5 puntos).

1.1. Haga un *breve* resumen redactado del texto (máx. 0,5 puntos).

1.2. Realice un *esquema* de la estructura del texto, en el que se visualicen las distintas partes y sus contenidos (máx. 1 punto).

1.3. Efectúe un comentario *crítico* atendiendo a los siguientes aspectos (máx. 2 puntos):

a) Las ideas del autor, sus matices, importancia, actualidad...

b) El orden y la coherencia en el desarrollo de las ideas.

c) La forma de exposición: propiedad, claridad, eficacia...

2 Lengua española (máx. 4 puntos).

2.1. Analice sintácticamente el siguiente fragmento (máx. 2 puntos):

En la abstención hay minorías intelectuales, heridas por la realidad de las cosas, con buena o mala intención y algo de soberbia, y hay ignorancia, pasotismo de quinta, ausencia total de interés por lo de todos.

2.2. Analice morfológicamente las siguientes palabras que aparecen en el texto (identificación y definición de la clase de palabra y su división en elementos constituyentes cuando sea posible) (máx. 1 punto): *charlatanería* (línea 3), *quiénes* (línea 10), *utopista* (línea 21), *variopinta* (línea 31).

2.3. Explique el significado de las siguientes palabras que aparecen en el texto (máx. 1 punto): ***gregarismo*** (línea 3), ***cabal*** (línea 20), ***interpeladora*** (línea 20), ***clientelismo*** (línea 30).

3 Literatura española (máx. 2,5 puntos).

3.1. Desde el fin de la guerra civil hasta la llegada de la democracia se han sucedido en la literatura española etapas de actitudes muy diversas respecto al compromiso político-social. Desarrolle de manera general el siguiente tema de literatura relacionado con el texto: "La poesía española a partir de 1939".

SOLUCIÓN DE LA PRUEBA

Opción A

1 Análisis de texto

1.1. Miles de estorninos valencianos, acostumbrados a la pólvora, huyeron despavoridos la noche del 23 de febrero de 1981 ante los carros de combate de Milans del Bosch y regresaron tres días después. ¿Dónde estuvieron los estorninos y otros "pájaros" más siniestros la noche del golpe de Estado? Los estorninos regresaron porque la libertad sería ya definitiva.

1.2. En el texto se pueden observar cuatro partes:

I. Primer párrafo: las costumbres de los estorninos en el mes de febrero.

II. Segundo párrafo: la conmoción que produjo el golpe de estado del 23 de febrero de 1981.

III. Tercer párrafo, renglones 20 a 26: el interrogante de dónde se "pusieron a salvo" todos los "pájaros".

IV. Del renglón 26 al final: la sabiduría de los estorninos.

1.3. Proponemos las siguientes respuestas:

a) En el primer apartado se narra en presente algo observado por el autor: en febrero, los estorninos valencianos buscan con gran griterío acomodo en las ramas de los árboles y enmudecen durante toda la noche sin inmutarse ni por el ruido de la pólvora. Pero el final del párrafo nos indica que esto era la norma, lo que había ocurrido siempre, algo que varió en un momento determinado, impreciso aún, que afectó a las costumbres de estos animales. Este apartado se convierte, pues, en algo meramente introductorio de lo que realmente le interesa destacar al autor.

El momento aludido es la noche del 23 de febrero de 1981. Se recuerda el intento de golpe de estado en su vigésimo aniversario. Es realmente lo que interesa al autor, por eso le dedica el párrafo central del texto y una mayor extensión. Se destaca lo más llamativo que sucedió en Valencia: los carros de combate, quién los dirigía (Milans del Bosch) y el efecto que produjo en quienes lo sufrieron.

El ruido de los tanques conmovió a los estorninos que, aunque estaban acostumbrados a la pólvora, *no lo habían registrado desde el tiempo de los dinosaurios e incluso desde mucho antes*, a las raíces de los árboles y al propio articulista. Es decir, para el escritor, el golpe militar hizo retroceder el tiempo a la época de las cavernas (la dictadura), sobrecogió con su estruendo (el producido por el armamento militar) a todos y amenazó con cambiar "el orden natural de las cosas" (la democracia) de ahí que los estorninos, por instinto, huyeran en desbandada. El mismo instinto les hizo regresar de nuevo, cuando el peligro había ya desaparecido, es decir, cuando triunfó sobre el golpe de estado la democracia.

Veinte años después sigue siendo un misterio para el articulista dónde se escondieron los estorninos tras su desbandada. Pero, en realidad esto es un mero pretexto para que Manuel Vicent denuncie que, aunque han transcurrido dos décadas desde que ocurriera, sigue sin desvelarse quiénes fueron los responsables y los cómplices de ese atentado contra la democracia que amenazó la vida y costumbres de todos los españoles. Son los *otros pájaros más siniestros* (obispos, algunos políticos demócratas y conjurados civiles) a los que acusa de guardar silencio, esconder la cabeza bajo el ala y permanecer aún ocultos.

En la última parte se muestra la satisfacción del articulista por el triunfo de la libertad en España, es decir, de la democracia; el retorno de los estorninos lo confirma: volvieron porque, adelantándose a los acontecimientos, sabían que la libertad iba a ser ya definitiva.

El texto está escrito con motivo del vigésimo aniversario del fracasado golpe de estado del 23 de febrero de 1981 que amenazó las libertades de los españoles, suceso que conmocionó a todo el país y que sirvió para reforzar, tras su fracaso, nuestra democracia. El tema tratado sigue vigente en la actualidad.

b) Se parte de un presente habitual en el primer párrafo, que finaliza con un pretérito pluscuamperfecto con el cual se rompe la coherencia verbal de forma intencionada para llamar la atención del lector y reforzar su interés por lo que se expone en el segundo párrafo.

La evocación de la noche del 23 de febrero de 1981 y lo sucedido en los siguientes tres días se hace desde el presente en el que se escribe –veinte años después de lo ocurrido– de ahí que predominen en el segundo párrafo las formas verbales que indican pasado. Pero es curioso observar que lo referido a los pájaros se narra utilizando generalmente tiempos perfectivos, mientras que lo observado por el escritor –el *yo*, testigo de lo ocurrido–, que de forma intencionada ocupa la parte central del texto, se describe casi en su totalidad en pretérito imperfecto –tiempo imperfectivo–: *cruzaban, dormían, encontraba, parecía*, porque en su mente esas imágenes no se han borrado, siguen estando presentes a pesar del tiempo transcurrido.

De nuevo desde el presente, ya en el tercer párrafo, se plantean interrogantes sobre lo que ocurrió en la citada noche, que siguen sin aclararse en la actualidad. Solo al final hay un cambio significativo que da lugar a la esperanza. Se expresa con un presente atemporal en la frase *los estorninos nunca se equivocan* y se refuerza con una medición temporal distinta de la hecha hasta ese momento. Si hasta ahora desde el presente se evocaba el pasado, el 23 de febrero y los días siguientes, ahora el punto de partida es el día del retorno de los pájaros pero prolongándose hacia el futuro que abarca el ahora desde el que escribe el escritor y que perdurará más allá del momento actual: *si regresaron a la ciudad fue porque sabían que la libertad en este país sería ya definitiva*, con lo que el columnista parece adoptar o compartir el punto de vista de los pájaros: el condicional se ha hecho realidad y ya no se retrocederá al "tiempo de los dinosaurios".

Por otro lado, con los pájaros se inicia y finaliza el texto; los estorninos también son el sujeto de la primera y la última frases del segundo párrafo. Se podría decir que sirven de "marco" de aquella noche del 23 de febrero en el artículo de opinión que comentamos.

c) El texto es un artículo de opinión perteneciente a una de las columnas periodísticas que el escritor publica habitualmente en el periódico *El País*. Va dirigido a una gran mayoría que comparte o puede compartir la opinión de Manuel Vicent, los lectores del citado periódico. Por esto, el autor utiliza un registro idiomático culto pero al mismo tiempo de fácil comprensión, claro, sugerente, en cierta medida "literario" y personal. En él no interesa tanto lo informativo –los hechos ya son de sobra conocidos por los lectores– como las opiniones que vierte, en las que se puede observar un trasfondo ideológico, más que evidente en lo referido a los "otros pájaros". Su principal función es la de "crear opinión" en los lectores o compartirla con ellos.

2 Lengua Española

2.1. Es una oración compuesta formada por una proposición principal: *tal vez ellos sintieron*, de la que depende una proposición subordinada sustantiva que funciona como CD: *que había cambiado el orden natural de las cosas* y otra proposición subordinada adverbial causal que funciona como CC: *porque es un hecho cierto*. De la proposición subordinada adverbial depende otra proposición subordinada sustantiva que funciona como sujeto de esta: *que aquellos estorninos huyeron en desbandada en mitad de la noche hacia un punto desconocido*.

Proposición principal

Sujeto: el sintagma nominal *ellos* [pronombre].

Predicado: *tal vez sintieron [que había cambiado el orden natural de las cosas] [porque es un hecho cierto (que aquellos estorninos huyeron en desbandada en mitad de la noche hacia un punto desconocido)]*. Sintagma adverbial, CC de duda, núcleo: *tal vez* [es una locución adverbial], núcleo del predicado *sintieron*; CD: la proposición sustantiva *[que había cambiado el orden natural de las cosas]*; CC de causa: la proposición adverbial causal: *porque es un hecho cierto [que aquellos estorninos huyeron en desbandada en mitad de la noche hacia un punto desconocido]*.

Proposición subordinada sustantiva

Nexo: *que*.

Proposición: *había cambiado el orden natural de las cosas*.

Sujeto: el sintagma nominal *el orden natural de las cosas*: determinante *el*, núcleo: *orden*, adyacente: *natural*, sintagma preposicional complemento de nombre: *de las cosas* (preposición: *de*, sintagma nominal: *las cosas*. Determinante: *las*, núcleo: *cosas*).

Predicado: núcleo del predicado: *había cambiado*.

Proposición subordinada adverbial causal

Nexo: *porque.*

Proposición: *es un hecho cierto [que aquellos estorninos huyeron en desbandada en mitad de la noche hacia un punto desconocido].*

Sujeto: la proposición subordinada sustantiva *[que aquellos estorninos huyeron en desbandada en mitad de la noche hacia un punto desconocido].*

Predicado: verbo copulativo *es*; sintagma nominal atributo: *un hecho cierto* (determinante: *un*, núcleo: *hecho*, adyacente: *cierto*).

Proposición subordinada sustantiva

Nexo: *que.*

Proposición: *aquellos estorninos huyeron en desbandada en mitad de la noche hacia un punto desconocido.*

Sujeto: el sintagma nominal *aquellos estorninos* (determinante: *aquellos*, núcleo: *estorninos*).

Predicado: *huyeron en desbandada en mitad de la noche hacia un punto desconocido.* Núcleo: *huyeron.* Sintagma preposicional CC de modo: *en desbandada* (preposición: *en*, sintagma nominal: núcleo: *desbandada.* Sintagma preposicional CC de tiempo: *en mitad de la noche* (preposición: *en*, sintagma nominal: *mitad de la noche.* Núcleo: *mitad*, sintagma preposicional complemento de nombre: *de la noche* (preposición: *de*, sintagma nominal: *la noche.* Determinante: *la*, núcleo: *noche*). Sintagma preposicional CC de lugar: *hacia un punto desconocido* (preposición *hacia*, sintagma nominal: *un punto desconocido.* Determinante: *un*, núcleo: *punto*, adyacente: *desconocido*).

2.2. Enmudecen: es la tercera persona del plural del presente de indicativo, voz activa, del verbo enmudecer, de la segunda conjugación. Es un verbo irregular en el tema del presente (la *c* se convierte en *zc* delante de *a* y *o*), predicativo e intransitivo.

Es una palabra parasintética que está formada por:

en-: morfema derivativo, prefijo. Añade la idea de acción al significado del lexema y el significado de 'inclusión'.

mud-: lexema o raíz. Aporta el contenido semántico a la palabra y permite establecer su relación con otras de la misma familia léxica.

-ec-: morfema derivativo, sufijo, con el que se han formado verbos a partir de sustantivos o adjetivos. Aporta el significado de transformación o cambio de estado.

-er: morfema gramatical que indica la forma de infinitivo del verbo y su pertenencia a la segunda conjugación. La *-e-* es la vocal temática de la segunda conjugación.

Conmovió: es la tercera persona del singular del pretérito perfecto simple (indefinido) de indicativo, voz activa, del verbo *conmover*, de la segunda conjugación. Es un verbo irregular en el tema de presente (la *o* diptonga en *ue* en sílaba tónica), predicativo y transitivo.

Procede del latín *commovere*, que se formó a partir de *cum* + *movere*, por lo que podría tomarse *conmov-* como lexema o separarse *con-* (prefijo que significa cooperación), *mov-* (lexema) que aporta el contenido semántico de la palabra, y *-er* como morfema gramatical que indica infinitivo de la segunda conjugación (*-e-* es la vocal temática).

Si lo analizamos de la segunda forma, sería una palabra formada por composición.

Desbandada: es un sustantivo femenino singular. Es una palabra parasintética. Está formada por:

des-: morfema derivativo, prefijo, que indica inversión del significado del lexema de la palabra.

band-: lexema. Aporta el significado léxico y relaciona la palabra con otras de la misma familia léxica.

-ada: morfema derivativo, sufijo; aporta el significado de 'conjunto'.

Ø: ausencia del morfema gramatical de género. Lo marca el artículo antepuesto *la.*

Ø: ausencia del morfema gramatical de número. Es singular.

Demócratas: adjetivo calificativo femenino plural. Procede del griego.

democra-: lexema procedente de la combinación del morfema derivativo, prefijo δημο (demo) que significa 'pueblo' y κρατια (cracia) que significa 'poder'.

-ata: morfema derivativo, sufijo de raíz griega que indica cualidad.

Ø: ausencia del morfema gramatical de género. En este caso es masculino por la concordancia que establece con el sustantivo que le precede, *políticos.*

-s: morfema gramatical de número. Indica plural.

2.3. Histérico: nervioso y convulsivo.

Inmutado: alterado, turbado.

Enigmático: misterioso.

Siniestros: funestos, malignos, aciagos.

3 Literatura Española

3.1. Remitimos al alumnado a su manual de Lengua y Literatura.

CATALUÑA

9

PRUEBA DE SELECTIVIDAD

ACLARACIONES PREVIAS

Escoja una de las dos opciones. En la opción elegida, lea el texto y responda a las preguntas que se formulan a continuación.

Opción A

Vía Layetana bajando, acera de la derecha batida por el sol, y allí en la esquina, en medio del transitar agobiado y pesaroso de la gente, esa niña que parece haberse apropiado de todos los colores y fulgores del día se para un momento y consulta su relojito de celuloide con números amarillos y agujas de purpurina. La esfera es celeste y la correa que la ciñe la muñeca, de color violeta transparente con franjas amarillas. [...] La una menos cuarto dicen las agujas plastificadas, y me gusta pensar que, por un capricho del destino, esa es la hora exacta en todos los relojes, la misma hora cabal que marca el reloj de verdad del inspector Galván saliendo apresuradamente del Bar Sky para coger el metro en Jaime I y llegar a tiempo de ver salir a su hija del colegio de monjas, mientras aquí los viandantes ven pasar a una adolescente de largas piernas oscuras que camina deprisa y muy tiesa, levemente recostada hacia atrás y risueña, como si un viento frontal alterara su verticalidad y eso le gustara.

[...] Es probable que yo mismo, de haberme cruzado con ella, no la hubiese reconocido. Ahí va, poco menos que de inconsciente putilla y con el persistente zumbido en sus oídos y en su corazón, exhibiendo un violento carmín en los labios y un hormigueo de maracas en las caderas. Luce la faldita amarilla con grandes bolsillos verdes y la blusa sin mangas de color azafrán estampada con espigas y amapolas desvaídas, el bolso de plexiglás rojo y larga correa colgando del hombro, los cabellos de paje recogidos en la nuca con una goma, las gafotas de sol de montura blanca, el rebelde flequillo cabalgando su frente y la boina roja ladeada sobre las orejas. En su brazo derecho, un poco por debajo de la marca de la vacuna, una mariposa de calcomanía pegada a la piel despliega sus alas negras con lunares rojos. Las rodillas mohínas y los finos tobillos brillan al sol, y las sandalias de goma de color marfil dejan al aire el puente saltarín, atolondradamente sonrosado y sensual, de sus ágiles pies. La serena firmeza del mentón, su aire levantisco, es lo único que a ratos podría traicionar esa apariencia postinera y festiva, pero ¡qué fulgor en

su mirada desafiando el trajín de la calle, qué intensa la emoción que le embarga en medio de toda esta patraña bajo el sol! ¡Y de qué modo tan alegre y confiado sus grandes ojos reflejan la luz del día, cómo ama la vida esta muchacha que sonríe impúdicamente a los viandantes!

El gesto tan espontáneo del consultar el relojito plastificado y sin horas lo entiendo ahora como un guiño irreprimible a un ideal de la personalidad, o tal vez no es más que un respingo de la propia impostura, el toque convencional de veracidad que requiere semejante artificio ornamental, dedicado no tanto a la galería –ese señor que enciende un puro y la mira de refilón al cruzarse con ella– como a sí mismo: un reflejo nervioso de la tensión manipuladora que cultivó siempre y de manera muy especial cuando se veía enfrentado a sus espejismos personales, esos que, con el tiempo, forjarían su destino.

Juan Marsé: Rabos de lagartija.

Cuestiones

1 Comprensión del texto

1.1. Haga un resumen (en no más de diez líneas) del texto y señale el núcleo temático de cada uno de sus párrafos (1,5 puntos).

1.2. Proponga un sinónimo para *desvaídas* y *trajín*; y un antónimo para *levantisco* y *postinera* (todas estas palabras están subrayadas en el texto) (1 punto).

1.3. ¿Cuál es el antecedente de la forma *a sí mismo* que aparece en la secuencia como a sí mismo. (0,5 puntos).

1.4. Comente tres recursos literarios distintos que denoten el tipo de narrador en este texto (1 punto).

2 Expresión y comentario crítico

Desarrolle, en unas 150 palabras, **uno** de los temas siguientes (2 puntos):

a) El retrato literario. Algunas características y clases de retrato.

b) La moda y la imagen personal.

3 Reflexión lingüística sobre el texto

3.1. Analice sintácticamente la siguiente oración (limítese a indicar las funciones de todos sus constituyentes): *Es probable que yo mismo, de haberme cruzado con ella, no la hubiese reconocido* (1,5 puntos).

3.2. Localice en el texto dos sintagmas nominales que funcionen como atributo (1 punto).

3.3. Indique la persona, número, tiempo y modo al que pertenece cada una de las siguientes formas verbales del texto: *alterara, podría, cultivó* (1 punto).

3.4. ¿Cuál es la característica formal común a las palabras siguientes: *relojito, manecilla, putilla, faldita*? (0,5 puntos).

Opción B

A las alturas en que ahora nos encontramos podemos hacer, ya que no balance exhaustivo, por lo menos recuento de las peripecias en que se ha visto incluida la palabra en este siglo que concluye, y también considerar en qué medida tales peripecias nos han afectado a nosotros, los cómicos.

Con la aparición del cinematógrafo pierde el arte del actor su calidad de efímero. En un principio pudo parecer una ventaja. Pero, teniendo en cuenta la posibilidad de crítica posterior, podía ser todo lo contrario: una gran desventaja. No han pasado muchos años desde las primeras películas mudas cuando ya los jóvenes encuentran ridícula la gesticulación de algunos actores y actrices en las películas dramáticas. No es evidente el ridículo del director, ni el del fotógrafo, y mucho menos el del financiero: solo el del actor. [...]

Otro de los cambios es la aparición de un nuevo público más popular que el del teatro y más multitudinario. El cinematógrafo pronto se convierte en espectáculo de masas.

Pero la aportación más transcendente del cinematógrafo con respecto al teatro es la desaparición de la palabra hablada. En España el nuevo espectáculo, el cine, tiene la misma multitudinaria acogida que en el resto del mundo. Y, como en el resto del mundo, la que podríamos llamar "clase intelectual" es la que demuestra más reservas ante la novedad, la que no pasa por lo de "séptimo arte". Y es porque la "clase intelectual" echa de menos la palabra. El nuevo espectáculo no puede prescindir de la palabra. O dejarla limitada al mínimo: a los letreros.

La palabra en el espectáculo, la palabra de la literatura teatral, la palabra escrita para ser hablada, recibe al siglo XX en el momento de la lucha con su gran enemigo: el cine. Algunos piensan, y entre ellos el llamado "gran público", que la palabra ya no es necesaria para contar historias. Está derrotada. [...].

Y, arrancando del cine sonoro y de camino hacia la televisión, le llega a la palabra, en su aventura a lo largo de este siglo, la monstruosidad del doblaje, del doblaje de las voces de los actores en las películas. Y digo monstruosidad porque realmente lo es: un ser humano con la voz de otro ser humano. Aunque, en este caso, se trata de una monstruosidad útil. [...]

La palabra prosigue su aventura a lo largo del siglo y llega –o le llega– la televisión. No nos importa, en este somero recorrido, la fecha en que se producen los inventos, sino el tiempo en que se divulgan, en que llegan a ser objetos de uso. Puede decirse que la televisión se inventó en 1928, pero en España no se divulga hasta el decenio de los sesenta.

¿Cuál es el episodio más significativo de la aventura de la palabra en el siglo XX a partir de la divulgación de los espectáculos televisivos? La introducción en los hogares. El espectáculo –más completo que el que desde años an-

tes ofrecía la radio– viene a casa, no van los individuos al espectáculo. Este cambio trascendental, significativo en cuanto al comportamiento de las personas, en cuanto a la convivencia.

Ha entrado en casa, con la imagen, la palabra ajena. Y también la palabra escrita. La palabra escrita para ser escuchada después. Pero han entrado también, con una y otra denominación, con uno u otro oficio, los actores, los histriones, los "hijos de Satanás", que estamos en las casas, en los hogares privados, familiares, incluso clandestinos, a cualquier hora, del día y de la noche, en imagen y sonido. Y los periodistas, los locutores, los presentadores. Ha entrado la misa, la homilía y el presidente del gobierno, y el subversivo con el rostro enmascarado, incluso la gente inofensiva que va por la calle, al taller o al supermercado. El espectáculo deja de ser acontecimiento, se convierte en algo cotidiano y que tiene lugar en nuestro comedor, nuestra cocina, nuestra sala, y en nuestra alcoba para ayudarnos a conciliar el sueño como los cuentos de la madre, de la abuela en la infancia o a reavivar un erotismo claudicante.

Fernando Fernán-Gómez: La aventura de la palabra en el siglo XX.
(Discurso de ingreso en la Real Academia Española de la Lengua).

Cuestiones

1 Comprensión del texto

1.1. Haga un esquema (en no más de diez líneas) de las etapas, según el autor del texto, de la "aventura de la palabra en el siglo XX" (1 punto).

1.2. Conteste las siguientes preguntas relativas a diferentes pasajes del texto, que aparecen subrayados (1,5 puntos):

a) ¿Qué quiere expresar el autor con la afirmación: *Con la aparición del cinematógrafo pierde el arte del actor su calidad de efímero*?

b) Proponga un sinómino en el texto para *peripecias* y *homilía.*

c) Comente con brevedad la afirmación siguiente que hace el autor: *y es porque la "clase intelectual" echa de menos la palabra.*

1.3. El término *palabra* se encuentra personificado con frecuencia en el texto. Indique cómo se pone de manifiesto esta personificación. Ponga, como mínimo. dos ejemplos tomados del texto (1,5 puntos).

2 Expresión y comentario crítico

Desarrolle, en unas 150 palabras, **uno** de los temas siguientes (2 puntos):

a) Algunas semejanzas y diferencias entre el teatro y el cine.

b) El lenguaje y los géneros televisivos.

3 Reflexión lingüística sobre el texto

3.1. Sustituye la conjunción *ya que* (línea 1) subrayada en el texto por otra que tenga el mismo valor e indique qué tipo de oración introduce (1 punto).

3.2. Localice en el texto dos oraciones finales y una oración temporal (1 punto).

3.3. En la secuencia subrayada en el texto *no nos importa, en este somero recorrido, la fecha en que se producen los inventos,* el sintagma *la fecha en que se producen los inventos* es (elija una de las opciones siguientes y escríbala) (1 punto):

a) complemento indirecto de *importa;* b) complemento del sintagma *en este somero recorrido;* c) sujeto de la oración; d) una oración subordinada adverbial de tiempo.

3.4. Segmente en sus morfemas constituyentes las siguientes palabras subrayadas en el texto e indique la categoría de la palabra primitiva: *gesticulación, desaparición* y *letreros* (1 punto).

SOLUCIÓN DE LA PRUEBA

Opción A

1 Comprensión del texto

1.1. En una esquina de la vía Layetana una adolescente consulta la hora en un reloj de plástico y camina deprisa y muy tiesa, provocando la atención de los viandantes; en tanto que, el inspector Galván posiblemente recoge a su hija del colegio de monjas. La joven parece una *inconsciente putilla* por su vestimenta llamativa, mirada desafiante y sonrisa impúdica. Bajo este disfraz e impostura se esconde un adolescente travestido enfrentado a sus espejismos personales.

Núcleo temático de cada uno de sus párrafos

I. Primer párrafo: la actitud provocativa de una joven.
Su desenvoltura se contrapone a la actitud que seguramente pueda manifestar la hija del inspector Galván a la salida del colegio de monjas cuando este va a buscarla.

II. Segundo párrafo: descripción de la adolescente.
La apariencia de la muchacha esconde su propia personalidad: parece una inconsciente putilla, le zumban los oídos y el corazón. Con mirada desafiante sonríe impúdicamente a los viandantes.

III. Tercer párrafo: explicación de la actitud y apariencia de "la joven". Se desvela su identidad masculina: *"El gesto de consultar el reloj es un reflejo nervioso de la tensión manipuladora que cultivó siempre y de manera muy especial cuando se veía enfrentado a sus espejismos personales"*.

1.2. Como la respuesta puede ser variada, proponemos alguno más:

Sinónimos

Desvaídas: descoloridas, de color apagado.

Trajín: ajetreo, movimiento o actividad.

Antónimos

Levantisco: sumiso, dócil.

Postinera: sencilla, humilde, modesta, natural.

1.3. Su antecedente es guiño, de *un guiño irreprimible*, pero puede tomarse también como antecedente respingo, de *un respingo de la propia impostura* por la conjunción coordinante disyuntiva *o* que une *como un guiño irreprimible a un ideal de la personalidad* con *tal vez no es más que un respingo de la propia impostura*. Del mismo modo, también podría hacerse extensivo a toque, en *el toque convencional de veracidad que requiere semejante artificio ornamental*, ya que se identifica con *respingo*. Los tres concuerdan en género y número con el participio *dedicado*, en *dedicado no tanto a la galería como a sí mismo*.

1.4. *"Vía Layetana bajando, acera de la derecha batida por el sol, y allí en la esquina, en medio del transitar agobiado y pesaroso de la gente, esa niña que parece haberse apropiado de todos los colores y fulgores del día se para un momento y consulta su relojito de celuloide con números amarillos y agujas de purpurina..."* El narrador se presenta como un narrador objetivo, que cuenta lo que ve, como si una cámara cinematográfica registrase la realidad que percibe el objetivo situado a la misma altura que los personajes.

"Me gusta pensar que, por un capricho del destino, esa es la hora exacta en todos los relojes, la misma hora cabal que marca el reloj de verdad del inspector Galván saliendo apresuradamente del Bar Sky para coger el metro en Jaime I y llegar a tiempo de ver salir a su hija del colegio de monjas, mientras aquí los viandantes ven pasar a una adolescente de largas piernas oscuras que camina deprisa y muy tiesa..." La objetividad que se observaba en el fragmento anterior, marcada con la tercera persona verbal, deja paso a la subjetividad en este, marcada por el *yo* narrativo: *me gusta pensar...*, que pone de manifiesto que se trata de una posibilidad y no de la realidad, aunque la probabilidad se presente casi como certeza al referirse a la actividad cotidia-

na del inspector Galván de recoger a su hija del colegio. Esta subjetividad deja de nuevo paso a la objetividad y a la tercera persona verbal, pero en plural porque percibimos ahora la realidad desde el punto de vista de los viandantes.

"El gesto tan espontáneo del consultar el relojito plastificado y sin horas lo entiendo ahora como un guiño irreprimible a un ideal de la personalidad... de manera muy especial cuando se veía enfrentado a sus espejismos personales, esos que, con el tiempo, forjarían su destino". De nuevo narra un yo, pero lo expuesto ahora pone de manifiesto que lo que se ha narrado y descrito anteriormente no estaba ocurriendo en ese mismo momento, como parecían indicar las formas verbales conjugadas, sino que se estaba evocando en presente algo que ya era pasado para el narrador que lo cuenta, porque la historia –la vida de David, el personaje al que se hace alusión–, está ya finalizada en el momento en que el narrador la evoca. Por esto el gesto de consultar el reloj lo entiende "ahora", en el momento desde el que escribe, no antes cuando sucedieron estos hechos, cuando el narrador aún no había nacido y percibía la realidad desde la placenta de su madre.

En definitiva, existe un narrador que es quien cuenta lo sucedido desde el final, tras la muerte del muchacho, aunque presente la historia de forma lineal. El narrador quiere mostrar los hechos de forma objetiva, por eso se esconde tras la tercera persona y ofrece puntos de vista objetivos, lo que no impide que, en ocasiones, aflore la subjetividad.

2 Expresión y comentario crítico

Respuesta libre, en la que el alumnado deberá mostrar una visión personal, concisa, clara y ordenada del tema que escoja, huyendo de tópicos o lugares comunes.

3 Reflexión lingüística sobre el texto

3.1. Es una oración compuesta o compleja, formada por una proposición principal: *es probable*, de la que depende otra proposición subordinada sustantiva que hace la función de sujeto: *que yo mismo [de haberme topado con ella] no la hubiese reconocido*. De esta segunda proposición depende una tercera proposición de infinitivo, que funciona como CC condicional: *de haberme topado con ella*.

Proposición principal

Sujeto: la proposición subordinada sustantiva.
Predicado: *Es probable*. Verbo copulativo: *es*. Sintagma adjetivo atributo, núcleo: *probable*.

Proposición subordinada sustantiva

Nexo: *que.*

Proposición: *yo mismo [de haberme topado con ella] no la hubiese reconocido.*

Sujeto: *yo mismo*, núcleo: *yo*, determinante: *mismo* [*mismo* tiene un uso pleonástico, para dar mayor énfasis a lo que se dice].

Predicado: *[de haberme topado con ella] no la hubiese reconocido.* CC condicional: la proposición de infinitivo. Sintagma adverbial, CC de negación: *no*; sintagma nominal CD: *la*, núcleo del predicado verbal: *hubiese reconocido.*

Proposición subordinada de infinitivo

Equivale a una proposición subordinada adverbial porque hace la misma función que una proposición subordinada adverbial condicional.

Nexo: *de.*

Proposición: *haberme cruzado con ella.*

Sujeto: está omitido, es la primera persona pronominal: *yo.*

Predicado: *haberme topado con ella.* Núcleo verbal: *haber topado. Me* funciona como un componente verbal; el verbo se utiliza en forma pronominal para reforzar pleonásticamente al *yo*. Sintagma preposicional, complemento de régimen: *con ella* (preposición: *con*, sintagma nominal, núcleo: *ella*).

3.2. *La hora exacta, la misma hora cabal, un respingo de la propia impostura, el toque convencional de la veracidad.*

3.3. *Alterara:* tercera persona, singular, del pretérito imperfecto de subjuntivo, del verbo *alterar*, de la primera conjugación.

Podría: tercera persona, singular, del condicional o potencial simple de indicativo del verbo *poder*, de la segunda conjugación.

Cultivó: tercera persona, singular, del pretérito perfecto simple o indefinido de indicativo del verbo *cultivar*, de la primera conjugación.

3.4. Son palabras formadas por derivación; sustantivos a cuyo lexema se ha añadido un morfema derivativo [sufijo] diminutivo: -it-, -ill- que reducen la magnitud del significado de estos y/o aportan un matiz de emotividad.

EXTREMADURA

10

PRUEBA DE SELECTIVIDAD

ACLARACIONES PREVIAS

El análisis sintáctico ha de ser redactado, no bastan los esquemas de los que pueda servirse el alumno.

Tiempo máximo de la prueba: 1 h 30 m.

Opción A

Sonreí con tristeza, y hubo un momento de silencio. Sor Simona dejó la luz sobre la mesa y tornó al borde de la cama. Yo veía en la sombra las dos figuras atentas y graves. Comprendiendo la razón de aquel silencio, les hablé:

—¿Será preciso amputar el brazo?

El médico y la monja se miraron. Leí en sus ojos la sentencia, y solo pensé en la actitud que a lo adelante [sic] *debía adoptar con las mujeres para hacer poética mi manquedad. ¡Quién la hubiera alcanzado en la más alta ocasión que vieron los siglos! Yo confieso que entonces más envidiaba aquella gloria al divino soldado, que la gloria de haber escrito el Quijote. Mientras* cavilaba *estas locuras volvió el médico a descubrirme el brazo y acabó declarando que la gangrena no consentía esperas. Sor Simona le llamó con un gesto, y apartados en un extremo de la estancia los vi conferenciar en secreto. Después la monja volvió a mi cabecera:*

—Hay que tener ánimo, Marqués.

Yo murmuré:

—Lo tengo, Sor Simona.

Y volvió a repetir la buena Madre:

—¡Mucho ánimo!

La miré fijamente, y le dije:

—¡Pobre Sor Simona, no sabe cómo anunciármelo!

La monja guardó silencio y la vaga esperanza que yo había conservado hasta entonces, huyó como un pájaro que vuela en el crepúsculo. *Yo sentí que era mi alma como viejo nido abandonado. La monja susurró:*

–Es preciso tener conformidad con las desgracias que nos manda Dios.

Alejóse con leve andar, y vino el médico a mi cabecera. Un poco receloso *le dije:*

–¿Ha cortado usted muchos brazos, Doctor?

Sonrió, afirmando con la cabeza:

– Algunos, algunos.

Entraban dos monjas, y se apartó para ayudarlas a disponer sobre una mesa hilas y vendajes. Yo seguía con los ojos aquellos preparativos, y experimentaba un goce amargo y cruel, dominando el femenil sentimiento de compasión que nacía en mí ante la propia desgracia. El orgullo, mi gran virtud, me sostenía. No exhalé una queja ni cuando me rajaron la carne, ni cuando serraron el hueso, ni cuando cosieron el muñón.

R. del Valle-Inclán: Sonata de invierno.

Cuestiones

1 Resuma el texto (1 punto).

2 El texto destaca que el sentimiento de la compasión es propio de mujeres (=femenil), ¿opina usted como el protagonista, o piensa que es más bien propio del ser humano? Razónelo (1,5 puntos).

3 Analice sintácticamente: *Es preciso tener conformidad con las desgracias que nos manda Dios* (2,5 puntos).

4 Responda a las dos cuestiones que se le plantean:

a) Explique qué significan las palabras siguientes: *cavilaba, crepúsculo* y *receloso*. Escriba una frase con cada una de ellas (1,5 puntos).

b) Explique qué son homonimia, polisemia, sinonimia y antonimia (1 punto).

5 El teatro anterior a 1936. Valle-Inclán, Benavente y Lorca (2,5 puntos).

Opción B

El escritor que concibe su obra como una aventura y a la vez como una tarea de sostenido empeño, intentará que su creación conjugue una experiencia vital única y un saber literario profundo y vasto. *La busca y hallazgo de antepasados con los que forjará su propio árbol, de esa genealogía de autores cuya existencia prolonga y vivifica, le mostrará sus afinidades secretas con otros escritores abiertos también a multiplicidad de culturas y lenguas, tanto a la tradición oral en la que bebieron nuestros antepasados antes de la invención de la imprenta como a lo que comúnmente se juzga alta literatura. "El más hermoso jardín, leemos en* Las Mil y una noches, *es un armario lleno de libros". Y ese jardín de árboles de todas las especies, hierbas, plantas y helechos arborescentes abarcará, como nos enseñó Cervantes, el grato y bien sombreado bosque de la escritura. En el espacio público de la gran plaza de Marraquech, declarado por la Unesco Patrimonio Oral de la Humanidad, he aprendido a escuchar las leyendas, poemas y crónicas de las tradiciones que* convergen *en ella y que probablemente no difieren mucho de las conservadas por los "tesoros humanos vivos" de las comunidades indígenas de México y de toda Iberoamérica: un patrimonio frágil y suavemente amenazado por la modernidad* desaforada *en la que vivimos. Y junto a esas fuentes vivas, procuro internarme y perderme también en la biblioteca de Babel cervantina y borgiana, en el fascinador jardín de los senderos que se bifurcan. Mi curiosidad por las literaturas de Oriente y Occidente, por los cruces, injertos, polinizaciones que se producen fuera de los cotos del saber programado y de las aproximaciones eruditas –reductivas y estériles– a nuestros clásicos, me ha arrimado a escritores del pasado cuya lectura es una aventura, porque su escritura también lo fue. Hablo de autores sin los cuales la literatura en lengua española no existiría o sería trunca y distinta: de Juan Ruiz, de Fernando Rojas, Delicado, San Juan de la Cruz, Cervantes, Quevedo, Góngora... y también de los que componen el acervo universal ya sea griego o latino, iraní o árabe. Sin olvidar a quienes descubrieron en El* Quijote *el fértil territorio de la duda y de las posibilidades de juego de la novela: los Sterne, Diderot, Flaubert, toda esa tradición de "La Mancha" –y de* Las Mil y una noches– *evocada por Carlos Fuentes en un luminoso ensayo. De este modo, las coordenadas de un escritor como yo se revelan afines a las de los creadores en nuestra lengua que cervantean, gongorizan y celestinean.*

Juan Goytisolo, "Pájaro que ensucia su propio nido".
El País, *13-II-2001.*

Cuestiones

1 Resuma el texto (1 punto).

2 El autor alude a la fragilidad en que se encuentra la literatura no escrita, la oral. Razone qué elementos pueden provocar el riesgo de perderse de esta tradición oral (1,5 puntos).

3 Analice sintácticamente: *Ese jardín de árboles de todas las especies, hierbas, plantas y helechos arborescentes abarcará, como nos enseñó Cervantes, el grato y bien sombreado bosque de la escritura* (2,5 puntos).

4 Responda a las dos cuestiones que se plantean:

a) Explique qué significan las palabras *vasto, convergen* y *desaforada*. Escriba una frase con cada una de ellas (1,5 puntos).

b) El español fuera de España: indique sus peculiaridades más notables (1 punto).

5 Las características de la novela del siglo XIX. Galdós. "Clarín" (2,5 puntos).

SOLUCIÓN DE LA PRUEBA

Opción A

1 Al observar el silencio de Sor Simona y el médico, el marqués comprende que deben amputarle el brazo. Su "frivolidad", que lucubra cómo poetizar en el futuro su manquedad ante las mujeres para igualarse con Cervantes, contrasta con la preocupación del médico por evitar que la gangrena siga avanzando y la de la religiosa que lo intenta reconfortar con la religión. El marqués ahoga sus sentimientos con su orgullo: de su boca no sale ninguna queja.

2 Los sentimientos son propios del ser humano y no deben asociarse a uno u otro sexo. Pero en el texto, el marqués ahoga los suyos como muestra de su "masculinidad" y firmeza de ánimo porque para él mismo y para los demás, el haber mostrado miedo ante el riesgo de la operación o compasión por su propia persona tras la amputación del brazo, se hubiera tomado como una debilidad propia de mujeres o de espíritus afeminados. No hemos de olvidar que aunque Valle-Inclán define al marqués de Bradomín como un donjuán "feo, católico y sentimental", el "honor" de caballero le obligaba a soportar con entereza todas las desgracias y adversidades. Es lo que muestra el texto.

3 Es una oración compuesta formada por una proposición principal: *es preciso*, de la que depende otra proposición subordinada de infinitivo: *tener confianza con las desgracias [que nos manda Dios]*. De la segunda proposición depende otra proposición subordinada adjetiva o de relativo, especificativa, que complementa a *desgracias*, el antecedente de *que: que nos manda Dios.*

Proposición principal

Sujeto: proposición subordinada de infinitivo. Equivale a una proposición sustantiva.

Predicado: *Es preciso*. Verbo atributivo o copulativo: *es*, sintagma adjetivo, atributo: *preciso*.

El sintagma verbal es atributivo e intransitivo.

Proposición subordinada de infinitivo

Sujeto: se puede sobrentender *usted*, si se refiere al marqués o *nosotros* si lo hacemos extensivo a más personas (yo + otros).

Predicado: *Tener conformidad con las desgracias [que nos manda Dios]*. Núcleo del predicado: *tener*, sintagma nominal CD: *conformidad*, sintagma preposicional, complemento de régimen: *con las desgracias [que nos manda Dios]*. Preposición: *con*, sintagma nominal: *las desgracias [que nos manda Dios]*. Determinante: *las*, núcleo: *desgracias*, adyacente: la proposición subordinada adjetiva especificativa. El sintagma verbal es predicativo y transitivo.

Proposición subordinada adjetiva

Sujeto: el sintagma nominal *Dios*.

Predicado: *que nos manda*. Sintagma nominal CD: *que*, es núcleo y, al mismo tiempo nexo (reproduce a su antecedente, *desgracias*). Sintagma nominal CI, núcleo: *nos*, núcleo del sintagma verbal: *manda*. El sintagma verbal es predicativo y transitivo.

4 **a)** *Cavilaba:* daba vueltas en la cabeza, pensaba con preocupación.

Crepúsculo: claridad existente desde que raya el día hasta que sale el sol o tras ponerse el sol hasta que es de noche.

Receloso: desconfiado, temeroso.

b) Homonimia: coincidencia de dos o más palabras en el significante pero no en el significado, al no haber entre ellas ninguna relación etimológica sino una mera coincidencia en la forma causada por la evolución que han sufrido: *oleada* 'ola grande' y *oleada* 'cosecha abundante de aceite'; *ojear* 'dirigir los ojos y mirar con atención a determinada parte' y *ojear* 'espantar o ahuyentar la caza'.

Polisemia: pluralidad de significados de un mismo significante, que generalmente guardan entre sí alguna relación: *trapo*: a) trozo de tela viejo e inútil, b) vestido de mujer, c) muleta de toreo, d) copo grande de nieve, e) vela de una embarcación.

Sinonimia: la idéntica significación de dos o más palabras cuyo significante no coincide, que las hace intercambiables en un determinado contexto, aunque puedan no serlo en todos: *ganga, ocasión, chollo, saldo, ...*

Antonimia: la expresión de significados contrarios a través de palabras cuyos significados se oponen entre sí: *arriba/abajo*, *blanco/negro*.

5 El alumnado encontrará la solución en su manual de Lengua y Literatura.

11

GALICIA

PRUEBA DE SELECTIVIDAD

Opción 1

"Todos eran unos marranos", *así titulé mi primer libro. Tenía doce años y la vaga sensación de que alguien me había estafado.*

Pero, quizá, será mejor empezar por el principio. Entonces, al principio, yo tenía dos hermanos: Miguel y Ramón. Cuando me peleaba con uno, el otro me llevaba al cine, y viceversa. A los quince años, Miguel decidió ser compositor. Entonces Sara Montiel estrenó "El último cuplé". *Miguel no pudo ser compositor porque murió. Seguro que le hubieran encantado las* Baladas del Dulce Jim *y les hubiera puesto música para que alguien las cantara en el Festival de Eurovisión.*

Mi otro hermano –que ya no se llama Ramón, sino Terencio–, cuando lo de Sara Montiel y Lilián de Celis compraba libros de Sartre en el mercado de libros de San Antonio y los leía a escondidas de mi padre quien aseguraba que Sartre era la reencarnación del demonio y que sus lectores quedaban inmediatamente esclavizados al servicio de Satán. Un día a la salida del colegio, le dije a mi hermano: voy a ser escritora. Terencio aseguró que nunca podía llegar a ser una buena escritora porque no estaba "comprometida". Empezó a prestarme libros de Sartre camuflados, afortunadamente, en tebeos de Rosas Blancas, Florita *y* Claro de Luna. *Naturalmente, en lugar de leer los libros, leía los tebeos.*

A mí, lo que me gustaba era tocar la trompeta en una calle oscura. Pero entonces, ni Miguel, ni Ramón Terencio, ni yo sabíamos nada de la vida, habíamos aprendido todo en libros, tebeos, películas y canciones.

Ya he dicho que lo que me gusta es tocar la trompeta en una calle oscura; por eso escribí las Baladas del Dulce Jim, *porque deseaba poder, algún día, tocar la trompeta en una calle oscura. Más tarde comprendí que siempre he tocado la trompeta en una calle oscura.*

Moix, A. Mª: Poética en J. Mª Castellet, Nueve novísimos.

Cuestiones

1 Elabora un resumen del fragmento propuesto (2 puntos).

2 Redacta un comentario crítico sobre el contenido del fragmento (2 puntos).

3 a) Señala y clasifica atendiendo a su valor semántico los adverbios y locuciones adverbiales del fragmento (1,5 puntos).

b) Señala la función sintáctica y la estructura frásica de los siguientes segmentos del texto: *doce años, de que alguien me había estafado, esclavizados al servicio de Satán* (1,5 puntos).

c) Explica en qué consiste el movimiento de los "novísimos" en poesía (1,5 puntos).

d) Desarrolla el tema: La poesía española de posguerra hasta los "novísimos" (1,5 puntos).

Opción 2

Se ha escrito desde la muerte. También desde el vientre de la madre, antes de nacer. Y desde todas las edades de la infancia. Algunas de las mejores voces de la literatura universal son niños o niñas engendrados por el sueño de un adulto. Hay quien está harto de las historias de niños. Sobre todo cuando se llevan al cine. Algunas reseñas parecen escritas por el Sacamantecas. Cuando sale un niño en un filme, hay gente a la que se le dispara un resorte, una reacción gástrica, como si el niño fuera indigesto. Lo volví a comprobar con motivo del estreno en España del filme británico Billy Elliot, *la del chaval al que le da por el ballet clásico estilo* Cascanueces *en un suburbio minero, que ya son ganas de cascarle las nueces al padre, que adora el fútbol y el boxeo. Pues bien, muchos comentarios críticos compartían un pero, un reparo, una reticencia, un retintín... ¡demonios otro niño!*

Y es que la gente mete una ricura en la película como hacían los de las pelis del Oeste con los caballos: cuando no se tiene otro recurso. Un adulto siempre está justificado. Podríamos pensar: hombre, pero este espía que he visto veinte veces de espía, ¿por qué no hace al menos una vez de albañil, con lo peligrosa que es la vida de albañil? Pero no. El espía pertenece a un género. El niño, la infancia, es un desajuste, una debilidad. Lo que hacen los niños es dar la lata como ya la dieron Alicia, Tom Sawyer, Oliver Twist o el Lazarillo de Tormes. Los niños, en la ficción como en la vida real, son personajes inquietantes e incómodos. Por eso cada vez hay menos niños en España. Ya sé que hay otras causas. Pero no hay que despreciar esta otra: los niños son seres extraños que hacen cosas extrañas y estropean la película y el mobiliario, ahora que vamos bien.

Manuel Rivas: Soy Julia,
País Semanal.

Cuestiones

1 Elabora un esquema que ponga de relieve la organización de los contenidos del fragmento (2 puntos).

2 Redacta un comentario crítico sobre el contenido del fragmento (2 puntos).

3 a) Utilizando algún ejemplo del texto, explica los conceptos de composición y derivación en la formación de las palabras (1,5 puntos).

b) Señala la función sintáctica que desempeñan y la estructura frásica que muestran los siguientes segmentos del texto: *escritas por el Sacamantecas, la del chaval, un pero* (1,5 puntos).

c) Explica la alusión que hace el autor del texto al Lazarillo de Tormes (1,5 puntos).

d) Resume el argumento de una novela escrita en castellano que hayas leído para Bachillerato (1,5 puntos).

SOLUCIÓN DE LA PRUEBA

Opción 2

1 El esquema utilizado por el autor es un esquema encadenante: comienza hablando, aparentemente de literatura, destacando la que tiene como protagonista al niño; continúa con el cine de "niños" y las reacciones que provoca, para enlazarlo con el tema que realmente le preocupa, el de los niños, seres extraños y molestos para los mayores. Por último se hace alusión a la baja natalidad española y al Gobierno.

I. Primera aseveración: a partir de una breve reflexión sobre lo que se ha escrito, se destaca que algunas de las mejores voces de la literatura universal son las de niños creados por la imaginación de un adulto.

II. Segunda aseveración, relacionada con lo anterior: hay quien parece harto de estas historias, sobre todo cuando se llevan al cine:

- argumento que apoya lo dicho (algunas reseñas de películas),
- confirmación de lo expuesto (el estreno de la película *Billy Elliot*).

III. Tercera aseveración, relacionada con la anterior: se valora de distinta manera la reiterada aparición del niño y del adulto en las películas; se condena la del primero, se justifica la del segundo.

IV. Conclusión que se extrae de lo expuesto: los niños en la ficción y en la realidad son personajes incómodos. Por eso hay cada vez menos niños en España. *Son seres extraños, que hacen cosas extrañas y estropean la película y el mobiliario.*

V. Alusiones a la actualidad al hilo de lo expuesto.

2 El texto es un **artículo periodístico,** subjetivo y de carácter especulativo, que pretende hacer reflexionar al lector y, al mismo tiempo, entretenerlo. Publicado en *El País Semanal*, la "actualidad" de su temática es relativa porque la finalidad de lo publicado en los suplementos de los periódicos es entretener, ampliar la información de hechos de los que el lector ya dispone de información y crear opinión.

El **punto de partida** es una reflexión sobre la literatura, que puede ser contrastada con la realidad y tomada como un postulado universal. No se hace ningún juicio de valor en esta parte, solo se constata una realidad.

En la **segunda parte,** utilizando una forma verbal impersonal, *hay*, se señalan algunos de los detractores de la literatura y de las películas que tienen como protagonista al niño. Mediante un lenguaje coloquial, yendo de lo general a lo particular, se critica lo subjetivo y visceral de estas críticas y "críticos" y se apoya lo dicho con los comentarios publicados a raíz del estreno de la película *Billy Elliot*. Sin embargo, el apoyo que el autor desea obtener al nombrar reseñas –quizá por la brevedad de lo escrito que impone el medio periodístico o porque al autor no le interesa entrar en más detalles- es relativo ya que el lector no puede constatar la veracidad de lo expuesto por el articulista al no reproducirse ninguna de estas críticas; ha de fiarse de lo que dice Manuel Rivas y darlo por veraz.

En la **tercera parte,** relacionada con la anterior, se recogen opiniones o pareceres que el escritor puede haber leído en estas críticas o escuchado a los que las hacen. La falta de rigor de estas se pone de manifiesto con la reflexión que el autor se hace "*en voz alta*": *el espía pertenece a un género. El niño, la infancia, es un desajuste, una debilidad*. El autor refuerza esta reflexión yendo ahora de lo particular (Billy Elliot) a lo general (Alicia, Tom Sawyer, Oliver Twist, el Lazarillo de Tormes), lo que le lleva a una conclusión o tesis.

Conclusión: los niños, en la ficción como en la vida real, son personajes inquietantes e incómodos. Evidentemente esta formulación está hecha de forma irónica: no es que los niños sean inquietantes e incómodos por ellos mismos sino que lo que observan y dicen resulta inquietante e incómodo a los mayores porque suelen ser críticos y dicen las "verdades" que los adultos no desean escuchar.

Al hilo de lo expuesto en el artículo, el autor extrae otra conclusión, irónica, que ya no está relacionada con la literatura, el cine o las críticas, sino con un tema social que preocupa en estos momentos: el descenso de la natalidad en España. Y, como una de las finalidades del periodismo es crear opinión o reforzarla, se hace un "guiño al lector", que se supone es de su misma ideología, para buscar su complicidad: *ahora que vamos bien*.

Es un texto en el que abundan las expresiones coloquiales, con una gran dosis de ironía, que se pone de manifiesto en expresiones o frases como: *"algunas reseñas parecen escritas por el Sacamantecas", "hay gente a la que se le dispara un resorte, una reacción gástrica, como si el niño fuera indigesto", "que ya son ganas de cascarle las nueces al padre", "y es que la gente mete una ricura en una película como hacían los de las pelis del Oeste con los caballos", "lo que hacen los niños es dar la lata", "ahora que vamos bien".*

3 **a)** *Sacamantecas*: sustantivo formado por composición a partir del verbo *sacar* + el sustantivo *manteca*. Mantiene la misma forma para el singular que el plural. Significa criminal que despanzurra a sus víctimas.

Cascanueces: sustantivo formado por composición con el verbo *cascar* + el sustantivo *nuez*. Hace referencia al instrumento que se utiliza para partir nueces. Mantiene la misma forma para el singular que para el plural.

La **composición** es el procedimiento que utiliza la lengua para formar nuevas palabras:

– añadiendo a una simple palabra una o más preposiciones o partículas (*anteponer < ante + poner*)

– uniendo: dos adjetivos (*agridulce < agrio + dulce*), dos sustantivos (*gomaespuma < goma + espuma*), un adjetivo + un sustantivo (*malasangre < mala + sangre)*, un sustantivo + un adjetivo (nochevieja < *noche + vieja*), un sustantivo + verbo (*maniatar < mano + atar*), un sustantivo + adverbio (*bocarriba < boca + arriba*) o un verbo + complemento (*parabrisas* < parar + brisa), adverbio + adjetivo (*bienintencionado < bien + intencionado*), una preposición y un pronombre (*porque < por + que*), dos verbos unidos y una conjunción (vaivén < *va +y + ven*), una frase (*correveidile < corre + ve + y + di + le*).

La **derivación** es el procedimiento que utiliza la lengua para formar nuevas palabras a partir de otra ya existente, a la que se añade un sufijo que modifica su estructura o significación: *arboleda, humear*.

– *debilidad*: palabra derivada, formada a partir del adjetivo calificativo *débil* + el sufijo *-idad* que indica cualidad.

– *personajes*: palabra derivada, formada a partir de sustantivo *persona* + el sufijo *aje* que aporta a la palabra un sentido ponderativo.

b) escritas por el Sacamantecas: funciona como atributo de la proposición principal: *algunas reseñas parecen [escritas por el Sacamantecas]. Escritas:* es el participio pasado del verbo *escribir*. Tiene una doble función: por un lado concuerda en género y número con *algunas reseñas* por lo que equivale a un adjetivo –recordemos que el participio es la única forma verbal que puede admitir género y número– y por otro, es una forma verbal pasiva que funciona como núcleo del predicado de la proposición subordinada de participio: *escritas por el Sacamantecas*.

Sujeto omitido: *algunas reseñas*. Determinante: *algunas*. Núcleo: *reseñas*. Predicado: *escritas por el Sacamantecas*. Núcleo: *escritas*; sintagma preposicional, complemento agente: *por el Sacamantecas* (preposición: *por*, sintagma nominal: *el Sacamantecas*. Determinante: *el*, núcleo: *Sacamantecas*). El predicado, como ya se ha indicado es pasivo.

La del chaval: es un sintagma nominal que hace la función de aposición de *filme* (*el filme británico Billy Elliot*). Su estructura sintáctica es la siguiente:

Es un sintagma nominal formado por un determinante, *la*; un núcleo que está omitido, *película*; y un sintagma preposicional que funciona como complemento de nombre: *del chaval*.

El complemento de nombre está formado por la preposición *de* (*del* es un artículo contracto formado por la preposición de + el artículo *el*) y el sintagma nominal *el chaval*: determinante *el* (de *del*) y núcleo *chaval*.

Un pero: es un sintagma nominal que hace la función de CD del verbo *compartir*. Está formado por el determinante *un* y el núcleo *pero*.

Pero es una conjunción adversativa, pero al ir precedida del artículo indeterminado *un* se ha sustantivado, de ahí que sea el núcleo de un sintagma nominal en este caso y no un nexo coordinante adversativo.

c) El Lazarillo de Tormes es entregado al ciego porque supone un problema para su madre, que no lo puede mantener. La vida y el trato que le dan sus amos le hacen espabilarse y aprender a defenderse por sí mismo: observa críticamente todo lo que le rodea, intenta aprender las "reglas" que rigen la sociedad y las aplica con el tiempo con tal maestría que supera en astucia y habilidad a sus "maestros".

Como personaje, su inteligencia y habilidades incomodan a los otros personajes, sus amos principalmente; pero lo que observa y cuenta, aunque no entienda el sentido o el alcance de ello (caso de las relaciones de su madre con el negro, la actuación de la justicia, etc.) hasta que no es un personaje maduro que ha llegado "a buen puerto", inquieta o incomoda igualmente a la sociedad que describe porque su testimonio se convierte en una especie de espejo en el que la obliga a mirarse y reconocerse con todos sus defectos.

d) Remitimos al alumnado a su libro de texto.

12

LA RIOJA

PRUEBA DE SELECTIVIDAD

ACLARACIONES PREVIAS

Presentación, ortografía y composición: factor corrector de ± 20%.

Opción A

Lo arduo de digerir es la estirpe del intelectual a la europea que flirtea con las ideas sin que se conozca el beneficio real de su hacer. Su ambigüedad desazona e impacienta a un país con una fuerte devoción por el progreso tangible.

El objetivo de los intelectuales es la búsqueda de la verdad y esto convendría a la idea religiosa norteamericana. Pero los intelectuales en casi todos los supuestos no se detienen ahí, no tratan de captar la verdad para sacarle un fruto eficiente. *Más bien el intelectual se recrea con la búsqueda de la verdad y no cesa de entretenerse en ese ejercicio. En sentido estricto, a un intelectual no puede sucederle algo más decepcionante que encontrar la verdad y dar por concluidas las pesquisas. Más bien la vocación intelectual no radica en la captura definitiva de la verdad absoluta sino en la investigación continua sobre nuevas* incertidumbres. *Un mariposeo que los americanos encuentran irritante y al cabo inconsentible; esta manera de gastar el tiempo y los dólares no van a sufragarla los contribuyentes.*

Vicente Verdú: El planeta americano.

Cuestiones

1 Comentario de texto

1.1. Resume, con tus propias palabras, el contenido del texto (1 punto).

1.2. Asigna un título al texto que sintetice (ha de tender a la brevedad máxima) de forma adecuada su contenido (1 punto).

1.3. Analiza el texto según su tipología (a.- literario, científico, periodístico…; b.- narrativo, descriptivo, dialogado, expositivo, argumentativo); tipo de lenguaje (literario, periodístico, científico, coloquial…); registro lingüístico; funciones comunicativas; estructura textual –tema(s) principal(es) y secundario(s)– y elementos lingüísticos y estilísticos relevantes (2 puntos).

1.4. Conclusiones, resumen o síntesis de las características del texto: ¿qué intenta el autor?, ¿qué medios emplea para conseguirlo?, ¿qué consigue? (0,5 puntos).

1.5. Comentario personal sobre el tema de que trata (0,5 puntos).

2 Cuestiones de Lengua

2.1. Análisis sintáctico de la siguiente oración (1,5 puntos):

Pero los intelectuales en casi todos los supuestos no se detienen ahí, no tratan de captar la verdad para sacarle un fruto eficiente.

2.2. Comentario léxico-semántico de las siguientes palabras: *eficiente* e *incertidumbres* (1 punto).

– Define su significado en el texto.

– Aporta dos sinónimos de cada una de ellas.

– Analiza sus componentes lexicológicos.

3 Cuestiones de Literatura

Desarrolla el contenido de la siguiente pregunta (2,5 puntos): La narrativa en el siglo XX: la narrativa de postguerra.

Opción B

...Solo la hipocresía farisaica y cerril de los espíritus de orden que subordinan la marcha del mundo a la preservación de sus privilegios bastardos a costa de cualquier injusticia y de cualquier sufrimiento ajeno podría escandalizarse o sorprenderse ante los hechos. Pues, ¿qué sucedió sino que la prosperidad *inmerecida de los logreros, los traficantes, los acaparadores, los falsificadores de mercaderías, los plutócratas en suma, produjeron un previsible y siempre mal recibido aumento de los precios que no se vio compensado con una justa y necesaria elevación de los salarios? Y así ocurrió lo que viene aconteciendo desde tiempo* inmemorial: *que los ricos fueron cada vez más ricos, y los pobres, más pobres y miserables cada vez. ¿Es pues, reprobable, como algunos pretenden, que los desheredados, los débiles, los parientes pobres de la inhumana e insensible familia social recurriesen a un único camino, al solo medio que su condición les deparaba? No, solo un insensato, un torpe, un ciego, podría ver algo censurable en tal actitud. En la empresa Savolta, debo decirlo, señores, y entrar así en uno de los más oscuros y penosos pasajes de mi artículo y de la realidad social, se pensó, se planeó y se intentó lo único que podía planearse, pensarse e intentarse. Sí, señores, la huelga.*

Eduardo Mendoza: La verdad sobre el caso Savolta.

Cuestiones

1 Comentario de texto

1.1. Resume, con tus propias palabras, el contenido del texto (1 punto).

1.2. Asigna un título al texto que sintetice (ha de tender a la brevedad máxima) de forma adecuada su contenido (1 punto).

1.3. Analiza el texto según su tipología (a.- literario, científico, periodístico…; b.- narrativo, descriptivo, dialogado, expositivo, argumentativo); tipo de lenguaje (literario, periodístico, científico, coloquial…); registro lingüístico; funciones comunicativas; estructura textual –tema(s) principal(es) y secundario(s)– y elementos lingüísticos y estilísticos relevantes (2 puntos).

1.4. Conclusiones, resumen o síntesis de las características del texto: ¿qué intenta el autor?, ¿qué medios emplea para conseguirlo?, ¿qué consigue? (0,5 puntos).

1.5. Comentario personal sobre el tema de que trata (0,5 puntos).

2 Cuestiones de Lengua

2.1. Análisis sintáctico de la siguiente oración (1,5 puntos):

¿Es reprobable que los parientes pobres de la inhumana familia social recurriesen al solo medio que su condición les deparaba?

2.2. Comentario léxico-semántico de las siguientes palabras: *prosperidad* e *inmemorial* (1 punto).

– Define su significado en el texto.
– Aporta dos sinónimos de cada una de ellas.
– Analiza sus componentes lexicológicos.

3 Cuestiones de Literatura

Desarrolla el contenido de la siguiente pregunta (2,5 puntos): El “boom” de la narrativa hispanoamericana.

SOLUCIÓN DE LA PRUEBA

Opción B

1 Comentario de texto

1.1. Solo por hipocresía, quienes defienden los privilegios de los ricos a costa de la injusticia y el sufrimiento de los pobres pueden sorprenderse de que, subiendo los precios pero no los salarios y siendo las diferencias sociales cada vez más marcadas, los desheredados de la empresa Savolta decidan hacer una huelga.

1.2. Justificación de una huelga.

1.3. El fragmento, que pertenece a la novela de Eduardo Mendoza *La verdad sobre el caso Savolta*, es un **texto literario** en el que se reproduce un "artículo periodístico" escrito por el narrador –uno de los personajes de la obra– en un periódico [el periódico obrerista *La Voz de la Justicia*].

Un "yo" narra y justifica el hecho de que los empleados de la empresa Savolta se plantearan e hicieran una huelga. El narrador parece estar involucrado en los hechos de forma directa, puesto que argumenta y toma partido por los desheredados; estamos, pues, ante un artículo periodístico, que utiliza como medio de expresión la argumentación, con el cual se narra y justifica un suceso, que forma parte de una novela.

Aunque es un texto literario, por la temática que trata y el periódico –en la ficción– en el que este "artículo" se "publica", el texto muestra un **lenguaje** retórico, político y propagandista más que periodístico o literario, como veremos poco después.

El **registro lingüístico** es el del castellano culto y retórico, pero al mismo tiempo comprensible para muchos "lectores" con una cierta cultura, tanto en la ficción como en la realidad. [Recordemos que este "artículo" periodístico habría sido publicado en un periódico de izquierdas. Pablo Iglesias y muchos otros socialistas fueron tipógrafos y el periódico *La Voz de la Justicia,* al que se hace alusión en la novela, va dirigido a proletarios que saben leer y escribir, trabajadores que estaban "politizados" y entendían perfectamente este lenguaje retórico-propagandístico.]

Las **funciones comunicativas** más significativas de este fragmento son:

– *Referencial:* el texto informa de unos hechos que llevaron a una huelga general. Pero, al mismo tiempo se presenta la huelga, casi en forma propagandista, "vendiéndola" como única solución para acabar con las desigualdades.

– *Conativa:* el "artículo" va dirigido a los lectores, en su mayoría trabajadores *(desheredados, débiles, parientes pobres de la inhumana e insensible familia social)* para que tomen conciencia política y social, se subleven contra las injusticias y acaben con los privilegios de clase. Intenta persuadir.

– *Emotiva:* a través de lo expuesto, recibimos información sobre el emisor: un hombre concienciado política y socialmente, que defiende ideas socialistas, comunistas o anarquistas.

– *Poética*: el mensaje está hábilmente elaborado y contiene muchos recursos retóricos porque se busca con él influir en la conducta de los lectores.

El **tema central** del texto es la huelga. Pueden distinguirse dos partes.

– Una primera [desde el inicio hasta el renglón 14] que cumple dos funciones que a continuación explicamos:

a) Por una parte es una argumentación: el texto, en la ficción, es un artículo periodístico que defiende y justifica la huelga.

b) Por otra, forma parte de una novela en la que se narran unos hechos cuyos antecedentes el lector debe conocer para poder entender la trama del relato. A través de este "artículo" se presenta una breve historia de la realidad social barcelonesa de principios del siglo XX, mostrando las desigualdades sociales, la toma de conciencia política del proletariado y la justificación de la acción como único medio para acabar con esta situación.

– Y una segunda [desde el renglón 14 hasta el final], la más importante para el narrador.

a) En el artículo, se presenta como consecuencia lógica de lo expresado anteriormente: la única solución es la huelga (tesis). De la teoría se pasa a la práctica: la huelga en la empresa Savolta.

b) Para el lector de la novela esta parte expone también un hecho que va a ser importante en la trama, el cual debe conocer el lector.

Los elementos lingüísticos y estilísticos del texto crean un lenguaje retórico, típico de discursos políticos, proclamas y arengas, cuya finalidad es encender el ánimo de quienes lo leen y conseguir su adhesión.

La primera parte tiene un principio y un final muy similar: *Solo la hipocresía farisaica y cerril...; No, solo un insensato, un torpe, un ciego...*, que sirve para iniciar y cerrar la argumentación.

Existe una gran abundancia de sintagmas o proposiciones coordinados o yuxtapuestos, con los que se intenta llamar la atención del receptor, reiterar determinados hechos o reforzar el punto de vista que ofrece el narrador: *la hipocresía farisaica y cerril de los espíritus de orden; la prosperidad inmerecida de los logreros, los traficantes, los acaparadores, los falsificadores de mercancías, los plutócratas... que los ricos fueron cada vez más ricos, y los pobres, más pobres y miserables cada vez; los desheredados, los débiles, los parientes pobres de la inhumana e insensible familia social...; solo un insensato, un torpe, un ciego...; debo decirlo y entrar así en uno de los más oscuros y penosos paisajes de mi artículo y de la realidad social; se planeó y se intentó lo único que podía planearse, pensarse e intentarse.* Esto tiene como principal finalidad la de asentar una determinada forma de pensar o reforzarla, convencer al receptor de lo que se dice y conseguir su apoyo.

Preguntas retóricas que no precisarían de respuesta puesto que no cabe, para el que las enuncia, más que el asentimiento con lo que aparentemente se pregunta, pero que sin embargo, como un recurso retórico más, sirven para extraer una conclusión o –a través de la respuesta que se da a esta pregunta en el texto– reforzar la doctrina que se expone, lo que –se supone– emisor y receptores no tienen más remedio que contestar: *¿Qué sucedió sino que la prosperidad inmerecida...?; ¿Es pues, reprobable, como algunos pretenden, que los desheredados, los débiles, los parientes pobres de la inhumana e insensible familia ...? No, sólo un insensato, un torpe, un ciego, podría ver algo censurable en tal actitud.*

Abundan los adjetivos calificativos que refuerzan la visión subjetiva de los hechos de quien redacta el texto, una visión un tanto anarquista: *la hipocresía farisaica, privilegios bastardos, prosperidad inmerecida, justa y necesaria elevación de los salarios, inhumana e insensible familia social, oscuros y penosos pasajes, realidad social.*

1.4. El autor intenta recrear de forma realista las tensiones sociales existentes por las desigualdades económicas, cada vez más marcadas, en una ciudad próspera [Barcelona, en los primeros años del siglo XX] y la toma de conciencia política del proletariado que lucha por un reparto más equitativo de la riqueza generada por su trabajo.

En lugar de exponer directamente los hechos un narrador o distintos personajes, el autor se vale de un "artículo", supuestamente publicado en un periódico clandestino, para mostrarnos el ambiente y la problemática política y social de estos años. Se ofrece así una visión más directa de los hechos que potencia el realismo de la obra, lo que consigue plenamente.

1.5. Respuesta libre.

2 Cuestiones de Lengua

2.1. Es una oración compuesta o compleja formada por una proposición principal: *es reprobable* y una proposición subordinada sustantiva que funciona como sujeto: *que los parientes pobres de la inhumana familia recurriesen al solo medio [que su condición les deparaba].* En la proposición subordinada sustantiva hay otra proposición subordinada adjetiva o de relativo, especificativa, que complementa a *medio*, su antecedente: *que su condición les deparaba.* Es una oración interrogativa.

Proposición principal

Sujeto: la proposición subordinada sustantiva.

Predicado: *Es reprobable.* Verbo copulativo: *es*, sintagma adjetivo, atributo: *reprobable.*

Proposición subordinada sustantiva

Nexo: *que*.

Proposición: *que los parientes pobres de la inhumana familia recurriesen al solo medio [que su condición les deparaba].*

Sujeto: *los parientes pobres de la inhumana familia*. Determinante: *los*, núcleo: *parientes*, adyacente: *pobres*. Sintagma preposicional, el complemento de nombre: *de la inhumana familia* (preposición: *de*, sintagma nominal: *la inhumana familia*. Determinante: *la*, adyacente: *inhumana*, núcleo: *familia*).

Predicado: *recurriesen al solo medio [que su condición les deparaba].* Núcleo del predicado: *recurriesen*. Sintagma preposicional, CC de lugar *al solo medio [que su condición les deparaba]*: preposición *a* (*al* es un artículo contracto formado por la preposición *a* + el artículo *el*), sintagma nominal: *el solo medio [que su condición les deparaba]* (determinante: *el*, adyacente: *solo*, núcleo: *medio*, adyacente: la proposición subordinada adjetiva o de relativo, especificativa).

Proposición adjetiva o de relativo

Sujeto, el sintagma nominal: *su condición*. Determinante: *su*, núcleo: *condición*.

Predicado: *que les deparaba*. Sintagma nominal CD: el relativo *que*, que es además nexo. Sintagma nominal CI: *les*, núcleo del predicado verbal *deparaba*.

2.2. Significado

Prosperidad: riqueza y bienestar producidos por la buena marcha de los negocios emprendidos.

Inmemorial: desde muy antiguo, tanto que no se recuerda su comienzo.

Sinónimos

Prosperidad: progreso, fortuna.

Inmemorial: remoto, antiguo.

Componentes lexicológicos

Prosperidad: es una palabra formada por derivación, a partir del adjetivo *próspero*, cuyos componentes son:

Prosper-: lexema o raíz. Aporta el significado léxico de la palabra y la relaciona con otras de la misma familia.

-idad: es un morfema derivativo, sufijo, que indica cualidad. No cambia la categoría gramatical de la palabra.
No existen morfemas gramaticales que indiquen género y número. El artículo que precede a este sustantivo indica que es femenino y singular.

Inmemorial: Es una palabra parasintética, cuyos componentes son:

In-: morfema derivativo, prefijo, que aporta el significado de negación.

memori-: lexema o raíz. Aporta el significado léxico de la palabra y la relaciona con otras de la misma familia.

-al: es un morfema derivativo, sufijo, que indica cualidad relacionada con el nombre primitivo. Cambia la categoría gramatical: deriva de un sustantivo, pero el sufijo cambia la categoría a adjetivo.

No existen morfemas gramaticales que indiquen género ni número. La concordancia que establece con el sustantivo *tiempo* indica que es masculino singular.

3 Cuestiones de Literatura

El alumnado encontrará la respuesta en su libro de texto.

13

MADRID

PRUEBA DE SELECTIVIDAD

ACLARACIONES PREVIAS

El alumno deberá escoger una de las dos opciones y responder a todas las cuestiones de la opción elegida con cada uno de sus apartados. La duración del examen será de 1 hora y media.

Opción A

Allá en las tierras altas,
por donde traza el Duero
su curva de ballesta
en torno a Soria, entre plomizos cerros
y manchas de raídos encinares,
mi corazón está vagando, en sueños...
¿No ves, Leonor, los álamos del río
con sus ramajes yertos?
Mira el Moncayo azul y blanco; dame
tu mano y paseemos.
Por estos campos de la tierra mía,
bordados de olivares polvorientos,
voy caminando solo,
triste, cansado, pensativo y viejo.

Antonio Machado: Campos de Castilla.

Cuestiones

1 Determine las características lingüísticas y literarias del texto que se propone. ¿Qué tipo de texto es? (1,5 puntos).

2 Redacte un resumen del contenido del texto (1 punto).

3 A partir del texto, exponga su opinión de forma argumentada sobre la relación entre el hombre y su entorno natural (1,5 puntos).

4 a) Analice sintácticamente (2 puntos):

Allá en las tierras altas, por donde traza el Duero su curva de ballesta en torno a Soria, entre plomizos cerros y manchas de raídos encinares, mi corazón está vagando, en sueños.

b) Explique el sentido, en el poema, de *plomizos cerros* y *campos [...] bordados de olivares polvorientos.* ¿A qué figura retórica corresponden estas expresiones? (1 punto).

5 a) La Generación poética del 27 (2 puntos).

b) Haga una valoración crítica de la obra narrativa que usted ha leído (1 punto).

Opción B

Para unos, es el movimiento de un renegado, ávido de dinero; para otros, la única salida para una compañía que ha sacudido los cimientos de la industria musical, pero cuyo modelo de negocio (inexistente) la había condenado a la extinción. Napster, una empresa que permite a sus 38 millones de usuarios intercambiar gratuitamente ficheros musicales por Internet, y Bertelsmann, propietaria del sello discográfico BMG, han firmado un acuerdo que ha sorprendido a toda la Red porque, hasta ese día, ambas luchaban en los tribunales como feroces enemigos. Lo que queda tras el trato es la percepción de que las puntocom *"están dándose cuenta de que necesitan modelos de negocio reales, basados en reglas y principios económicos también reales", según la consultora Meta Group.*

Del acuerdo en sí se sabe poco. Bertelsmann invertirá una cantidad que no ha hecho pública en convertir el modelo de intercambio gratuito de Napster en un servicio de pago por suscripción mensual. Los usuarios podrán bajarse *de la red una cantidad ilimitada de canciones de los artistas de BMG (como Carlos Santana o Whitney Houston) por 4,95 dólares al mes, alrededor de 1 000 pesetas. Bertelsmann se retirará, además, de la demanda que la Asociación Discográfica de América (RIAA) mantiene aún contra Napster en los tribunales estadounidenses, por* piratería *y violación de los derechos de autor. En el acuerdo se asegura también que se mantendrán determinados servicios gratuitos, aunque serán de carácter promocional.*

Los analistas consideran que este acuerdo es un paso muy inteligente para ambos. Bertelsmann toma ventaja ante sus competidores en el creciente negocio de la venta de música por Internet. Napster, mientras, soluciona sus problemas económicos y jurídicos entrando en el negocio legal *de la distribución musical.*

El acuerdo representa, en todo caso, el fin de la lucha entre la legalidad y la piratería (para unos), o el poder de las multinacionales y la libertad (para otros).

Patricia Fernández de Lis: El País, *5 de noviembre de 2000.*

Cuestiones

1 Determine las características lingüísticas y literarias del texto que se propone. ¿Qué tipo de texto es? (1,5 puntos).

2 Redacte un resumen del contenido del texto (1 punto).

3 A partir del texto, exponga su opinión de forma argumentada sobre las posibilidades que ofrece el uso de Internet actualmente (1,5 puntos).

4 a) Analice sintácticamente (2 puntos):

En el acuerdo se asegura también que se mantendrán determinados servicios gratuitos, aunque serán de carácter promocional.

b) Analice la estructura morfológica de *piratería* y *distribución* e indique la clase de palabras a que pertenecen (1 punto).

5 a) El teatro posterior al 36: tendencias y autores más representativos (2 puntos).

b) Haga una valoración crítica de la obra lírica que usted ha leído (1 punto).

SOLUCIÓN DE LA PRUEBA

Opción A

1 Es un texto **literario** de carácter lírico, una silva en la que se mezclan versos heptasílabos con versos endecasílabos. Los versos pares riman en asonante (e-o). La medida de los versos y la rima aportan un ritmo poético del que carece la prosa.

El paisaje está descrito con breves pinceladas, de forma realista. Lo que aparece en primer término [versos 1-10], es la descripción del paisaje austero y pobre de Soria, que paseara Machado con su mujer en su estancia por tierras castellanas. Paisaje y Leonor están fundidos en su recuerdo, por eso los evoca "en sueños" con nostalgia y cariño. En contraste con lo anterior, el paisaje de olivares andaluces, por el que pasea el poeta en ese momento sin la compañía de su esposa ya muerta [versos 11-14], se describe con menor minuciosidad, una leve pincelada, porque ahora –sin ella– ya no disfruta del paisaje, su estado de ánimo se lo impide; es como si hubiera envejecido de repente: *voy caminando solo, triste, cansado, pensativo y viejo.* Este tipo de descripciones es propio de los textos literarios.

Se emplean recursos estilísticos como las metáforas, con las que se embellece el lenguaje utilizado: *curva de ballesta, plomizos cerros, bordados de olivares polvorientos*, y la sinécdoque: *mi corazón está vagando en sueños.*

Existe gran abundancia de adjetivos calificativos para caracterizar el paisaje, acompañando a un sustantivo: *tierras altas, plomizos cerros, raídos encinares, ramajes yertos* o en función predicativa: *mira el Moncayo azul y blanco; voy caminando solo, triste, cansado, pensativo y viejo.*

Se marca mediante elementos deícticos la separación del allí (Soria) *allá*, con el aquí (Andalucía): *por estos campos de la tierra mía.*

Se hace uso de la pregunta retórica: *¿No ves, Leonor, los álamos del río con sus ramajes yertos?*

Todo ello es característico de un texto poético y literario.

2 Antonio Machado evoca en sueños el paisaje soriano y a su mujer Leonor con la que paseaba cogidos de la mano. Ahora, en Andalucía, pasea añorando a su mujer, solo, triste, cansado, pensativo y viejo.

3 Respuesta libre. El alumno tiene que demostrar su capacidad de argumentación, es decir, ha de poner de manifiesto que sabe argumentar: exponer una tesis; aportar argumentos que la defiendan; apoyar estos en autoridades, analogías, ejemplos, su propia experiencia, etc.; refutar, si lo cree necesario, opiniones que pudieran mantener otras personas y reforzar la tesis inicial con una conclusión. Por el contrario, puede también comenzar con la argumentación y exponer al final su tesis.

El método empleado, inductivo o deductivo, dependerá de sus preferencias personales, pero deberá ofrecer su propia opinión, crítica y original, con rigor y sin acudir a fórmulas estereotipadas que muestren inmadurez o falta de criterio propio.

Sus opiniones deben ser expuestas con coherencia y corrección. El vocabulario empleado ha de ser amplio y variado, adecuado al tema.

4 **a)** Es una oración compuesta o compleja formada por una proposición principal y una proposición subordinada adverbial de lugar que hace la función de CC.

Proposición principal

Sujeto: el sintagma nominal *mi corazón*. Determinante: *mi*, núcleo: *corazón*.

Predicado: *Allá en las tierras altas, por [donde traza el Duero su curva de ballesta en torno a Soria], entre plomizos cerros y manchas de raídos encinares, está vagando, en sueños*.

Sintagma adverbial, CC de lugar: *allá*. Sintagma preposicional, CC de lugar: *en las tierras altas* (preposición: *en*, sintagma nominal: *las tierras altas*. Determinante: *las*, núcleo: *tierras*, adyacente: *altas*).

Sintagma preposicional CC de lugar: *por [donde traza el Duero su curva de ballesta en torno a Soria]*. Preposición: *por,* sintagma adverbial: la proposición subordinada adverbial.

Sintagma preposicional, CC de lugar: *entre plomizos cerros y manchas de raídos encinares*. Preposición *entre*, sintagma nominal múltiple (formado por un sintagma nominal + un nexo coordinante copulativo + un sintagma nominal).

Primer sintagma nominal, *plomizos cerros*. Adyacente: *plomizos*, núcleo: *cerros*.

Nexo coordinante copulativo *y*.

Segundo sintagma nominal: *manchas de raídos encinares*. Núcleo: *manchas*, sintagma preposicional, complemento de nombre: *de raídos encinares*: preposición *de*, sintagma nominal *raídos encinares* (adyacente: *raídos*, núcleo: *encinares*).

Núcleo del predicado verbal: *está vagando* [es una perífrasis verbal]. Sintagma preposicional, CC: *en sueños* [Por el contexto, la función de este sintagma podría interpretarse de distintas formas: como un CC de lugar, puesto que responde a la pregunta *dónde* hecha al verbo o como un circunstancial de tiempo equivalente a *mientras sueña*, con lo que respondería a *cuándo*. El alumno deberá razonar su elección o poner ambas]. Preposición: *en*, sintagma nominal, núcleo: *sueños*.

Proposición subordinada adverbial

Sujeto: sintagma nominal *el Duero*. Determinante: *el*, núcleo: *Duero*.

Predicado: *donde traza su curva de ballesta en torno a Soria*. Sintagma adverbial: núcleo *donde*. Núcleo del predicado verbal: *traza*. Sintagma nominal CD: *su curva de ballesta* (determinante: *su*, núcleo: *curva*, sintagma preposicional, complemento de nombre: *de ballesta*. Preposición *de*, sintagma nominal, núcleo: *ballesta*). Sintagma preposicional, CC de lugar: *en torno a Soria*. preposición: *en torno a* [es una locución prepositional], sintagma nominal: núcleo *Soria*.

b) *De plomizos cerros*: se hace alusión al color grisáceo (color del plomo), por falta de vegetación, de los cerros, y al mismo tiempo puede hacer referencia a la solidez de estos y connotar pesadez.
Campos bordados de olivares polvorientos: se refiere a un campo cubierto de olivos. Su cantidad, su color y lo que sobresale del suelo, da la impresión visual de que están bordados y cubiertos de polvo.

En ambos casos se trata de metáforas porque se establece la identificación entre el color del plomo y el de los cerros, y el paisaje olivarero con un tejido bordado.

5 **a)** El alumnado encontrará la respuesta en su libro de texto o en cualquier manual de Literatura.

b) Respuesta libre. El alumnado se basará en el estudio que haya realizado durante el curso de una obra narrativa: expondrá su estructura y problemática; analizará los personajes; el tipo de narrador, su punto de vista y la persona que se utiliza en la narración. Hará referencia al tiempo y el espacio en el que se sitúa la acción y comentará los aspectos que le hayan parecido más relevantes. Sus opiniones deben ser personales, razonadas y avaladas con datos extraídos de la obra comentada.

14

MURCIA

PRUEBA DE SELECTIVIDAD

ACLARACIONES PREVIAS

Se debe elegir una de las dos opciones propuestas y se responderá solo a las cuestiones planteadas en la opción elegida, A o B.
En la evaluación influirá el correcto uso ortográfico y discursivo de la lengua.

Opción A

Ya las campanas de la catedral han dejado caer sobre la vieja noble ciudad las sonorosas, lentas campanadas del mediodía. Todo es silencio y paz; en el patio, allá en lo alto, entre las cuatro nítidas paredes, fulge un pedazo de intenso cielo azul. Viene de las callejas el grito lejano de un vendedor; torna luego, más denso, más profundo, el reposo. El hidalgo, a media tarde, se ciñe el talabarte, se coloca sobre los hombros la capa y abre la puerta. Antes ha sacado la espada –una fina, centelleante, ondulante espada toledana– y la ha hecho vibrar en el aire, ante los ojos asombrados, admirativos, del mozuelo. Cuando nuestro hidalgo se pone en el umbral, se planta la mano derecha en la cadera y con la siniestra puesta en el puño de la espada, comienza a andar, reposada y airosamente, calle arriba. Los ojos del mozuelo le siguen hasta que desaparece por la esquina; este rapaz siente por su señor un profundo cariño. Sí, él sabe que es pobre; pero sabe también que es bueno, noble y leal, y que si las casas y palomares que tiene allá en Valladolid, en lugar de estar caídos, estuvieran en buen estado, su amo podría pasearse a estas horas en carroza y su casa podría estar colgada de ricos tapices y alhajada con soberbios muebles.

Azorín: Castilla.

Cuestiones

1 Esquema de su contenido (2 puntos).

2 Análisis morfológico de: *[hasta que desaparece, podría estar colgada de ricos tapices y alhajada]* (1,5 puntos).

3 Análisis sintáctico de *Cuando nuestro hidalgo se pone en el umbral, se planta la mano derecha en la cadera y comienza a andar, reposada y airosamente* (3 puntos).

4 Rasgos estilísticos destacables en el texto (1,5 puntos).

5 Características literarias del "hidalgo castellano" (2 puntos).

Opción B

MAGDALENA.—(Remendándola). *¡Ah! Ya se comenta por el pueblo. Pepe el Romano viene a casarse con Angustias. Anoche estuvo rondando la casa y creo que pronto va a mandar un emisario.*

MARTIRIO.—*Yo me alegro. Es buen mozo.*

AMELIA.—*Yo también. Angustias tiene buenas condiciones.*

MAGDALENA.—*Ninguna de las dos os alegráis.*

MARTIRIO.—*¡Magdalena! ¡Mujer!*

MAGDALENA.—*Si viniera por el tipo de Angustias, por Angustias como mujer yo me alegraría; pero viene por el dinero. Aunque Angustias es nuestra hermana, aquí estamos en familia y reconocemos que está vieja, enfermiza, y que siempre ha sido la que ha tenido menos méritos de todas nosotras. Porque si con veinte años parecía un palo vestido, ¡qué será ahora que tiene cuarenta!*

MARTIRIO.—*No hables así. La suerte viene a quien menos la aguarda.*

AMELIA.—*¡Después de todo dice la verdad! ¡Angustias tiene todo el dinero de su padre, es la única rica de la casa y por eso ahora que nuestro padre ha muerto y ya se harán particiones viene por ella!*

MAGDALENA.—*Pepe el Romano tiene veinticinco años y es el mejor tipo de todos estos contornos. Lo natural sería que te pretendiera a ti, Amelia, o, a nuestra Adela, que tiene veinte años, pero no que venga a buscar lo más oscuro de esta casa, a una mujer que, como su padre, habla con las narices.*

MARTIRIO.—*¡Puede que a él le guste!*

MAGDALENA.—*¡Nunca he podido resistir tu hipocresía!*

MARTIRIO.—*¡Dios me valga!*

(Entra ADELA).

F. García Lorca: La casa de Bernarda Alba.

Cuestiones

1 Resumen de su contenido (2 puntos).

2 a) Análisis de las relaciones léxico-asociativas en torno a "la moral social y la mujer" (1,5 puntos).

b) Análisis sintáctico de: *Si viniera por el tipo de Angustias, por Angustias como mujer, yo me alegraría; pero viene por el dinero. Aunque Angustias es nuestra hermana, aquí estamos en familia y reconocemos que está vieja* (3 puntos).

3 a) Rasgos estilísticos destacables en el texto (1,5 puntos).

b) Características literarias de los personajes del texto (2 puntos).

SOLUCIÓN DE LA PRUEBA

Opción A

1 Es un texto en el que se evoca la ciudad de Toledo, el hidalgo de esta ciudad y el Lazarillo de Tormes, elementos literarios que cobran vida y se convierten en esencia de la ciudad y de España. Pueden distinguirse en él tres partes:

I. La ciudad de Toledo: se destacan sonidos y sensaciones que percibe el escritor, a pesar del paso del tiempo: las campanas de la catedral, el silencio, la paz, el cielo azul, el grito lejano de un vendedor, el reposo: lo eterno, lo que perdura en el tiempo y recobra vida en nosotros; la ciudad castellana, que fuera capital del Imperio.

II. El hidalgo [de *El Lazarillo de Tormes*]: talabarte, capa, espada, "apariencia". Se describe la esencia de la hidalguía venida a menos, representada en el hidalgo toledano: pura apariencia, recuerdo de un pasado glorioso que ha llegado a su fin y del que no queda más que el "orgullo".

III. La visión inocente que sobre el hidalgo tiene el Lazarillo y su cariño por él. La candidez infantil que da crédito a lo que oye al hidalgo aunque la realidad se obstine en negarlo: la pobreza oculta tras la apariencia; lo que podría haber sido y no es (casa, palomares, ricos tapices, soberbios muebles). Solo queda del pasado lo que permanece en su persona, porque forma parte de su alma: la bondad, la nobleza y la lealtad; la esencia del hidalgo español.

2 *Hasta que*: expresión convertida en conjunción temporal que indica el término de la acción del verbo principal, en este caso *seguir*.

Desaparece: tercera persona del singular del presente de indicativo, voz activa, del verbo *desaparecer* (2ª conjugación).

Podría estar: es una perífrasis verbal formada por la tercera persona del singular del condicional simple de indicativo, en voz activa, del verbo *poder* (2ª conjugación). Esta forma está semigramaticalizada y ha pasado a ser un auxiliar del verbo *estar*, indicando persona, número, tiempo, modo y aspecto. *Estar* es infinitivo simple del verbo *estar* (1ª conjugación).

Colgada: participio pasivo del verbo *colgar* (1ª conjugación).

De: preposición.

Ricos: adjetivo calificativo, masculino plural.

Tapices: nombre común, masculino plural.

Y: conjunción copulativa.

Alhajada: participio pasivo del verbo *alhajar*, que también se utiliza como adjetivo, en este caso, femenino singular.

3 Es una oración compuesta formada por dos proposiciones coordinadas copulativas, unidas por la conjunción *y*. Primera proposición:*[Cuando nuestro hidalgo se pone en el umbral], se planta la mano derecha en la cadera.* Segunda proposición *comienza a andar, reposada y airosamente*. Dentro de la primera proposición existe otra proposición subordinada adverbial: *Cuando nuestro hidalgo se pone en el umbral*. Dentro de la segunda proposición la conjunción copulativa *y* coordina dos CC de modo: *reposada y airosamente* que pueden entenderse también como dos proposiciones coordinadas: *[comienza a andar reposadamente] y [comienza a andar airosamente]*.

Primera proposición coordinada

Sujeto: está omitido, es el sintagma nominal: *el hidalgo*. Determinante: *el*, núcleo: *hidalgo*.

Predicado: *[Cuando nuestro hidalgo se pone en el umbral], se planta la mano derecha en la cadera*. CC de tiempo: la proposición subordinada adverbial. Sintagma nominal, CI: *se*. Núcleo del predicado: *planta*. Sintagma nominal CD: *la mano derecha*. (Determinante: *la*, núcleo: *mano*, adyacente: *derecha*). Sintagma preposicional CC de lugar: *en la cadera* (preposición: *en*, sintagma nominal: *la cadera*. Determinante: *la*, núcleo *cadera*).

Nexo coordinante copulativo: *y*.

Segunda proposición coordinada

Sujeto: Está omitido: es el sintagma nominal *el hidalgo*. Determinante: *el*, núcleo: *hidalgo*.

Predicado: *comienza a andar, reposada y airosamente.* Núcleo del predicado: *comienza a andar* (perífrasis verbal). Sintagma adverbial (múltiple), CC de modo: *reposada y airadamente:* sintagma adverbial 1, núcleo: *reposada*; nexo coordinante copulativo: *y*; sintagma adverbial 2, núcleo: *airosamente*. [Como ya hemos indicado, el análisis sintáctico de esta segunda parte podría hacerse analizando por separado: proposición coordinada copulativa 2: *(el hidalgo) comienza a andar reposadamente*; nexo coordinante copulativo: *y*; proposición coordinada 3: *(el hidalgo) comienza a andar airosamente*].

Proposición subordinada adverbial

Nexo: *cuando*.
Proposición: *nuestro hidalgo se pone en el umbral*.
Sujeto: el sintagma nominal *nuestro hidalgo*. Determinante: *nuestro*, núcleo: *hidalgo*.
Predicado: *se pone en el umbral*. Sintagma nominal, CD: *se*. Núcleo del predicado: *pone*. Sintagma preposicional, CC de lugar: *en el umbral* (preposición: *en*, sintagma nominal: *el umbral*. Determinante: *el*, núcleo: *umbral*).

4 La descripción que hace del paisaje no es realista sino subjetiva, literaria y emotiva: no ve Toledo con ojos de turista sino como una ciudad eterna: de ayer, de hoy y de siempre. Describe lo que permanece y es más significativo de ella: su "alma". Por eso su lenguaje y estilo son pretendidamente literarios.

La fusión entre la ciudad, el hidalgo y el Lazarillo es tal que se ve reflejada en el aspecto formal del texto: un único párrafo, no existen puntos y aparte. Sin embargo, las frases que lo componen tienden a la brevedad y concisión. Abundan los puntos seguidos, los puntos y comas y, sobre todo, las comas. Son muy frecuentes las conjunciones coordinantes: *Todo es silencio y paz; el hidalgo, a media tarde, se ciñe el talabarte, se coloca sobre los hombros la capa y abre la puerta; cuando nuestro hidalgo se pone en el umbral, se planta la mano derecha en la cadera y con la siniestra puesta en el puño de la espada, comienza a andar, reposada y airosamente.*

Hay profusión de adjetivos calificativos tanto antepuestos como pospuestos y en función atributiva: *la vieja noble ciudad las sonorosas, lentas campanadas del mediodía; nítidas paredes; intenso cielo azul; grito lejano; una fina, centelleante, ondulante espada toledana; ante los ojos asombrados, admirativos, del mozuelo; profundo cariño; es pobre... pero es bueno, noble, leal; ricos tapices, soberbios muebles.*

La elección que realiza de palabras y frases que evocan y caracterizan una época pretérita traída hacia el presente en el que escribe como un retazo del pasado: *la vieja noble ciudad las sonorosas, lentas campanadas del mediodía; fulge un pedazo de intenso cielo azul; el hidalgo... se ciñe el talabarte; una fina, centelleante, ondulante espada toledana; carrozas... ricos tapices y alhajada con soberbios muebles.*

5 Es un “hijodalgo”, un noble que disfrutaba de una serie de privilegios reales, como la exención de ciertos impuestos; el poder portar armas, generalmente la espada; el no ser procesado más que por los de su clase, etc., aunque no pertenecía a la clase superior.

Aceptan y defienden un código ético y de honor. Les caracteriza la bondad, la nobleza de carácter y la lealtad que les llevan a ayudar a los demás (huérfanos, viudas, personas desvalidas) y a luchar a favor de las causas justas.

En la época de la Reconquista su principal labor estaba relacionada con las armas. Así, Rodrigo Díaz de Vivar, el Cid Campeador se distinguió por su talento guerrero que le llevó a conquistar Valencia; por su lealtad al rey Alfonso VI, a pesar de que este le hubiera desterrado de sus reinos; por el amor a su mujer doña Jimena y a sus hijas doña Elvira y doña Sol.

En los siglos XVI, XVII y XVIII muchos de ellos vivieron en la miseria, tal como reflejan algunas novelas picarescas o las *Cartas marruecas* de José Cadalso. Vivían de las rentas que les proporcionaban sus propiedades, cuando las tenían.

El hidalgo de *El Lazarillo de Tormes* era uno de estos nobles venidos a menos que no conservaba de su antigua nobleza más que su orgullo. Prefería morirse de hambre antes que realizar trabajos serviles, porque su concepto de dignidad se lo impedía. Por eso ansiaba conseguir un puesto en la Corte, que le permitiera vivir con arreglo a los de su clase, algo muy difícil de conseguir porque habría de luchar con otros muchos “pretendientes”. Sus principales características las destaca Azorín: bueno, noble y leal, lo que le hace digno de lástima y de cariño.

Don Quijote de la Mancha es otro hidalgo que vive de sus rentas holgadamente, con dignidad. Su locura le lleva a querer poner en práctica todos los ideales caballerescos en una época en que estos ya no eran defendidos con el ardor de los siglos anteriores. El deseo de poner su vida al servicio de los demás y acabar con las injusticias muestran la nobleza de su carácter. El amor a Dulcinea y su concepto del honor marcan su existencia.

15

NAVARRA

PRUEBA DE SELECTIVIDAD

ACLARACIONES PREVIAS

Conteste a las cuestiones sobre uno de los dos textos que se le ofrecen a continuación.

Opción A

PECADOS

Desde luego que hablar de pecados cuando Marilyn Manson con su ferretería satánica (tan poco original, por otra parte) encabeza las listas de discos más vendidos y no deja de sonar en los programas musicales de radio más casposos es un anacronismo. Hace ya tiempo que los crucifijos forman parte de la imaginería kitsch *de medio mundo, desde el cine de Pedro Almodóvar al guardarropa de la ya no tan joven Madonna. Pecar no es lo que era. "Todo lo que me gusta es inmoral, es ilegal o engorda", decía una canción del siglo pasado que a estas alturas empieza a parecer un villancico.*

Siete eran los pecados capitales y uno el original. El resto eran rebabas de lo pecaminoso. Pero el pecado predilecto de los guardianes de la fe y la virtud, el rey de los pecados, ha sido y sigue siendo la lujuria. Cuando el temible síndrome de inmunodeficiencia adquirida, conocido en el siglo como sida, hizo acto de presencia en nuestra sociedad, de inmediato escuchamos la científica explicación que daba el Vaticano: la plaga era un castigo a la lujuria humana.

Entre los vascos, poco dados a pecar de cintura para abajo, el pecado capital y autonómico ha sido la gula. Somos especialistas en llegar al orgasmo gastronómico con la ayuda de nuestros afamados cocineros y una buena tarjeta de crédito. Ahora el mal de las vacas locas *nos va a privar de uno de nuestros pecados favoritos. Por culpa de la encefalopatía espongiforme bovina y de su variedad humana, la amenazadora e impronunciable enfermedad de Creutzfeldt-Jakob, los vascos no podremos (eso dicen) disfrutar de una buena chuleta de Berriz con su reglamentario hueso. Lo curioso es que el mundo clerical (hay un mundo clerical lo mismo que hay un mundo cultural, deportivo o político) no haya echado las campanas al vuelo para denunciar el origen del mal que infesta nuestras carnes de vacuno, nuestras chuletas y nuestros filetes. Nadie ha dicho que el pecado que origina este mal sea la codicia humana y el afán desmedido de lucro.*

Si en vez de vacas locas fuesen vacas viciosas, no lo duden, cantaría otro gallo con la misma energía que Marilyn Manson.

José F. de la Sota: El País, *3 de febrero de 2001.*

Cuestiones

1 Breve formulación del tema y breve explicación. Esquema de la estructura del texto (2 puntos).

2 Tipología y adecuación del texto (3 puntos).

3 Comentario crítico: a) Exprese el punto de vista del autor respecto a la consideración de los distintos pecados y b) explique la ironía contenida en el último párrafo (2 puntos).

4 La poesía de Luis Cernuda (3 puntos).

Opción B

HILLARY CLINTON, ADIÓS AL «GLAMOUR»

Las viejas costumbres son muy difíciles de cambiar. Durante ocho años, todo el Washington más banal ha estado obsesionado con el cabello de Hillary Clinton, comentando con fascinación los sucesivos cambios de imagen de esta mujer que durante buena parte de la década de los noventa ha protagonizado todo un constante experimento de alta peluquería, llegando a ocupar con cierta gracia la portada de «Vogue», informa desde Washington Pedro Rodríguez. Pero ahora, en su nueva faceta política por méritos propios, la flamante senadora no logra dar esquinazo a esa obsesión tan intensa en torno a su «coiffure». Sin los recursos de la Casa Blanca a su alcance, pero tampoco sin salir del proscenio de la vida pública, el pelo de Hillary aparece estos días abandonado a su libre albedrío con la correspondiente cascada de comentarios. La legisladora demócrata le ha declarado una guerra particular –silenciosa pero visible– a la cosmética, los rulos y el estilismo, abrazando esa inconfundible estética plana de la militancia feminista. No cabe ninguna duda de que la señora ha dicho adiós al «glamour», por lo menos hasta las próximas elecciones.

ABC, 31 de enero de 2001.

Cuestiones

1 Breve formulación del tema y breve explicación. Esquema de la estructura del texto (2 puntos).

2 Tipología y cohesión del texto (3 puntos).

3 Comentario crítico: a) Tratamiento que hace el autor del tema abordado y b) valore el sentido e intención de la frase: *abrazando esa inconfundible estética plana de la militancia feminista* (2 puntos).

4 Honra y honor en *Crónica de una muerte anunciada* (3 puntos).

SOLUCIÓN DE LA PRUEBA

Opción B

1 **Tema:** El "glamour" de Hillary Clinton.

Gracias a él acaparó la atención del Washington banal y de las revistas. Ahora, convertida en senadora por méritos propios, parece no preocuparle su "imagen", al menos hasta las próximas elecciones.

Esquema de la estructura del texto

El texto puede entenderse de dos formas que ahora explicamos:

a) Un periodista de la redacción de *ABC*, cuya identidad se desconoce, convierte en noticia un breve reportaje enviado por el corresponsal Pedro Rodríguez. Este periodista sería el autor de la primera frase del texto, de la declaración de los renglones 6-7 (informa desde Washington Pedro Rodríguez) y de la última frase de este, en la que se extrae una conclusión que remite a la tesis inicial. El resultado final es un texto argumentativo con tres partes:

I. Tesis: las viejas costumbres son muy difíciles de cambiar.

II. Argumentación: el breve reportaje enviado a la redacción de *ABC* desde Washington por Pedro Rodríguez.

III. Conclusión que refuerza la tesis inicial: Hillary Clinton ha dicho adiós al "glamour", al menos hasta las próximas elecciones.

b) Todo el texto, excepto la aclaración de los renglones 6-7, pertenece a lo enviado por Pedro Rodríguez. La estructura no varía.

Nos inclinamos más por la primera suposición porque en el reportaje el nombre del corresponsal y el lugar desde el que se envía el texto no suele ocupar la parte central de este y menos como un inciso y porque la primera y la tercera parte parecen una reflexión hecha posteriormente, a raíz de la lectura del breve reportaje.

2 Es un texto **periodístico** que, como hemos visto, presenta una forma argumentativa. En él se funde la noticia con un breve reportaje, enviado por Pedro Rodríguez desde Washington.

La **cohesión** del texto se consigue mediante:

Elementos léxicos

- La repetición de una misma palabra: *durante* ocho años, *durante* buena parte de la década de los noventa.
- La sustitución de una palabra por un sinónimo: *el cabello de Hillary Clinton, el pelo de Hillary*.
- La sinonimia referencial: *Hillary Clinton, esta mujer, la flamante senadora, Hillary, la legisladora demócrata, la señora*.
- Palabras y frases que hacen referencia a un mismo campo semántico, el de la "imagen" en relación con el pelo: *los sucesivos cambios de imagen; todo un constante experimento de alta peluquería; "coiffure"; el pelo de Hillary aparece estos días abandonado a su libre albedrío; a la cosmética, los rulos y el estilismo; "glamour"*.

La anáfora

- Durante *ocho años*, durante *buena parte de la década de los noventa*, que establecen una cierta relación con *viejas costumbres*.
- El Washington más banal *ha estado obsesionado* con el cabello de Hillary Clinton, comentando con *fascinación... esa obsesión* tan intensa en torno a su *"coiffure"*.
- *Comentando* con fascinación..., con la correspondiente *cascada de comentarios*.
- *Ahora..., estos días...*
- *En su nueva faceta política por méritos propios* (hace referencia a la faceta política anterior, la de "primera dama").

Conectores

- De carácter temporal: *durante ocho años..., ahora, en su nueva faceta política por méritos propios*.
- Adversativos: *pero* ahora; *pero* tampoco, silenciosa *pero* visible.

Relación de causalidad: *el pelo de Hillary aparece estos días abandonado a su libre albedrío con la correspondiente cascada de comentarios*.

3 **a)** El texto comienza con una aseveración de carácter general que funciona como tesis: las viejas costumbres son muy difíciles de cambiar. Esto, tal como está enunciado, es algo objetivo que todos podemos corroborar.

En la segunda parte, tan importante es lo que se dice como lo que se sugiere, es decir, lo que se puede leer entre líneas.

Hillary no fue importante, durante los ocho años a los que se alude, por ella misma, por su valía personal, sino por ser la mujer del presidente Clinton; del mismo modo, su "imagen" no era la suya sino la que tenía que dar para estar en sintonía con el mandatario; de ahí que haya "protagonizado todo un constante experimento de alta peluquería" o, dicho de otro modo, haya sido lo que los estilistas y los asesores de imagen del presidente decidieron que fuera. Incluso ella misma se prestó a ello, ocupando con cierta gracia la portada de la revista *Vogue*. Hillary fue un "objeto", el complemento adecuado a su marido, y el Washington más banal –también conservador– la ha identificado con el "glamour" que lucía [vieja costumbre] porque no vieron en ella más que lo externo, lo no esencial de su persona.

En contraste con el pasado aparece el presente: su "nueva faceta". Hillary es ahora "sujeto" de sus acciones y no un "complemento": es una mujer, sin los privilegios de la Casa Blanca, que lucha activamente, aunque sin éxito, por romper con su imagen anterior. No se dice –porque es de sobra conocido por el lector, pero sobre todo porque no interesa– qué ha pasado para que se haya producido tan gran contraste. Pero es evidente que en el pasado –la estructura sintáctica del texto lo pone de manifiesto– el sujeto era el Washington banal y el cabello de Hillary –que no ella– era el objeto de admiración. Ahora Hillary quiere ser la protagonista: es una flamante senadora; no está en la Casa Blanca pero sigue por méritos propios en la vida política y quiere ser "Hillary" –obsérvese que ahora ya no se la nombra con el apellido de su marido– y no la esposa de Clinton. Por eso su pelo, ella misma, va a su libre albedrío. Pero las viejas costumbres hacen que se la siga viendo como "la señora de" y surja una cascada de comentarios. ¿Se critica su falta de "glamour" o también que sin Clinton, sin su "protección" ella carece de "glamour" político?

La última parte corrobora lo que ha escrito Pedro Rodríguez, pero también remite al principio del texto: la gente banal añora el "glamour" de la ex-primera dama y, por otro lado, Hillary añora también el "glamour" de la Casa Blanca; luego, para conseguir votos en las próximas elecciones, deberá volver a las "viejas costumbres", deberá dar de nuevo la imagen glamurosa con la cual la asocian para lograrlo.

b) Es un comentario irónico, malintencionado y machista. La peculiar guerra de Hillary para conseguir que la valoren por sus méritos y lograr por ella misma una posición política y profesional se frivoliza y se asocia malévolamente con su guerra a la cosmética, los rulos y el estilismo, lo que la identifica con el bando de las "feministas"; es decir, se hace una caricatura de ella. Con la "estética plana de la militancia feminista" se connotan elementos negativos que sirvieron para caricaturizar y ridiculizar a las primeras feministas (solteras y viudas con cargas familiares, principalmente): se la priva de atractivo físico, sexual, de glamour, etc., de todo lo que se considera "femenino", lo que atrae al hombre; y también se convierte en un ser digno de compasión al estar sola –a falta de otros abrazos [los de Clinton] se abraza a la estética plana [asexuada] de la militancia feminista"– tras haber sido "abandonada" y querer defenderse por ella misma.

4 El alumnado podrá encontrar en manuales de Literatura o en los apuntes de clase la respuesta.

16

PAÍS VASCO

PRUEBA DE SELECTIVIDAD

NUEVAS TECNOLOGÍAS

Siempre que hablamos de la promoción de la cultura acusamos a la escuela y a las familias de no fomentar la lectura, de tal modo que cuando los niños sean adultos pasarán a engrosar el mayoritario público español que jamás ha comprado un libro. Y no es extraño, se ha extendido la moda de ofrecer al niño cuentos de conejitos y estrellitas que difícilmente pueden despertar su curiosidad acostumbrados como están a conocer las historias de pasiones reales que se les muestra en la televisión. De hecho, el objetivo de esos cuentos de conejitos no parece ser despertar el interés por la lectura, sino simplemente entretener, tranquilizar y sumergir al niño en la pasividad, la misma atención pasiva que consigue la televisión, en contraposición con la atención activa que exige la lectura donde se ponen en movimiento las facultades del alma, imaginación, inteligencia, fantasía, ficción o abstracción. Sin desarrollar estas facultades pronto, la mente del niño alcanza la indiferencia, igual que, si no caminara ni corriera, no se desarrollarían sus músculos, no se sostendría en pie y acabaría en una silla de ruedas.

Poner en marcha a través de la lectura esas facultades del alma y unirlas a la propia experiencia, por breve que sea aún en la infancia, es crear todo un mundo propio, distinto sin duda del que crea otro lector.

Pero tampoco se enseña hoy a desarrollar la memoria, conscientes quizá los maestros de que una máquina, la calculadora o la agenda, van a suplir en el futuro y en el presente las necesidades memorísticas más elementales.

De ahí que el ordenador y sus derivados, que son meros instrumentos para adquirir información y buen funcionamiento en materia de administración cultural, empresarial o doméstica, tengan hoy tanto predicamento. Y no es que me parezca bien, sino que no hace falta exagerar: una consulta en Internet no es más que una consulta por rápida y prolongada que sea, y un correo electrónico sigue siendo un mensaje por instantáneamente que se transmita. Poner las cosas en su lugar nunca va mal, tal vez nos demos cuenta de que las facultades del alma a las que me refería no pueden ser sustituidas por los instrumentos que la civilización pone a nuestro alcance. Cuando mejor sean los instrumentos más se afianzarán y desarrollarán esas facultades, pero, sin ellas, el rendimiento de los instrumentos que llamamos nuevas tecnologías, será poco más que el de un juguete para niños expertos en aparatos, vacío de contenido, insuficiente, por no decir inútil.

Rosa Regás.

Cuestiones

1 Resumir el contenido del texto y determinar su tema (2 puntos).

2 Enumerar las ideas esenciales jerarquizándolas en un esquema (1 punto).

3 Indicar de qué tipo de texto se trata según la modalidad discursiva dominante, ámbito de uso y registro idiomático. Señalar los rasgos morfosintácticos, léxicos-semánticos y estilísticos más relevantes (3 puntos).

4 Justificar la función o funciones del lenguaje dominantes en el texto (1 punto).

5 Comentario crítico. Expresar la opinión personal sobre el tema, contextualizando y argumentando a favor o en contra y utilizando la expresión lingüística adecuada con respecto a los procedimientos de cohesión, construcción sintáctica, léxico y corrección ortográfica (3 puntos).

SOLUCIÓN DE LA PRUEBA

1 Se acusa a la escuela y a la familia de no fomentar en los niños la lectura. Los cuentos que estos leen y la televisión que ven potencian su pasividad y no sus facultades creativas, privándolos de un mundo propio. Tampoco se les enseña a desarrollar la memoria, suplida por calculadoras y ordenadores; pero la tecnología, sin las facultades del alma desarrolladas, carece de utilidad.

Tema: la necesidad de desarrollar en el niño facultades activas.

2 I. La escuela y la familia no fomentan la lectura: muchos niños no comprarán libros en el futuro.

- Los cuentos que leen los niños y la influencia que ejerce sobre ellos la televisión: sus defectos.

- Se deben potenciar las facultades del alma y unirlas a la experiencia infantil.

II. No se enseña a desarrollar la memoria; se la suple con "máquinas".
- La calculadora, el ordenador y sus derivados: lo que son y lo que podrían ser.
- Las nuevas tecnologías, si no potencian las facultades del alma, son inútiles.

3 Es un texto de carácter **subjetivo.** Podría ser un artículo de opinión relacionado con lo humanístico que toma forma de argumentación inductiva. A partir de una serie de reflexiones en torno a la educación que reciben los niños actuales, se expone la necesidad de que las nuevas tecnologías sean instrumentos de cultura que sirvan para potenciar las facultades activas de estos y no meros juguetes vacíos e inútiles que fomenten aún más su pasividad. Tras las reflexiones en paralelo que hace: sobre las lecturas y la televisión y sobre las calculadoras, ordenadores y derivados, se extrae una consecuencia o tesis final.

El texto va dirigido a una gran mayoría, preocupada por la educación de los jóvenes: padres, educadores, promotores de las nuevas tecnologías y lectores en general, para que tomen conciencia de la importancia que tiene el fomento del desarrollo integral del niño.

El **registro idiomático** predominante es el culto, que se caracteriza por un correcto empleo del idioma en todos los niveles: fonético, morfosintáctico y léxico-semántico, además de un estilo cuidado y personal, aunque a veces se utilizan expresiones propias del lenguaje de los informes administrativos y del lenguaje coloquial.

Rasgos morfosintácticos

– Formas verbales: predominan las formas verbales conjugadas en presente habitual: *hablamos, acusamos, es, muestra, exige, ponen, alcanza, crea, enseña, son, pone.* El aspecto imperfectivo de estas formas se potencia con infinitivos y perífrasis verbales en cuya composición entran los infinitivos: *acusamos a la escuela y a la familia de no fomentar la lectura; pasarán a engrosar el mayoritario público español que jamás ha comprado un libro; se ha extendido la moda de ofrecer al niño cuentos de conejitos que difícilmente pueden despertar su curiosidad; el objetivo de esos cuentos de conejitos no parece ser despertar el interés por la lectura, sino simplemente entretener, tranquilizar y sumergir al niño en la pasividad; sin desarrollar estas facultades...; poner en marcha a través de la lectura estas facultades del alma y unirlas a la propia experiencia [...] es crear todo un mundo propio; van a suplir; son meros instrumentos para adquirir información; no hace falta exagerar; poner las cosas en su lugar...; por no decir inútil.* Se marca con ello la persistencia de una educación que se presenta como inadecuada desde que se ha iniciado, que perdura en un tiempo no puntual y que se prolonga en el futuro más o menos lejano.

El pasado aparece en dos formas verbales de pretérito perfecto compuesto: *ha comprado y ha extendido,* formas también imperfectivas y muy cercanas al presente desde el que se habla y en el participio pasivo *acostumbrados* cuya acción persiste aún.

Existen tres formas de futuro *(afianzarán, desarrollarán, será)* y otras tres condicionales *(desarrollarían, sostendría, acabaría),* cuyas acciones la escritora no las percibe como probables sino como reales.

Lo objetivo –presentado en las formas de presente, pretérito perfecto compuesto, futuro y condicional de indicativo– se enfrenta a lo subjetivo o lo probable, expresado con formas verbales conjugadas en subjuntivo: presente *(sean, tengan, parezca, sea, demos, sean)* o pretérito imperfecto *(caminara, corriera).*

– Empleo frecuente de adverbios negativos: *no fomentar la lectura; que jamás ha comprado un libro; no es extraño; no parece ser; si no caminara ni corriera, no se desarrollarían sus músculos, no se sostendría en pie; tampoco se enseña; no es que me parezca bien, sino que no hace falta exagerar: una consulta en Internet no es más que una consulta; no pueden ser sustituidas por los instrumentos; por no decir inútil.* La negación se refuerza también mediante adverbios: de modo *(difícilmente pueden despertar su curiosidad)* o de tiempo *(poner las cosas en su lugar nunca va mal)*; preposiciones *(sin desarrollar estas facultades...; sin ellas...)*; conjunciones disyuntivas *(si no caminara ni corriera)* o palabras cuyo significado lleva implícito la negación o carencia de algo *(pasividad, atención pasiva, vacío de contenido, insuficiente, inútil).* Todo ello está en función de reforzar los defectos y carencias de la educación actual y la necesidad que existe de cambiar esta situación para bien de todos.

– La utilización de diminutivos: *conejitos, estrellitas,* utilizados generalmente en el lenguaje coloquial y familiar, aquí, por el contexto, se tiñen de un matiz negativo. No se resalta el tamaño de estos sustantivos ni la afectividad que un niño puede sentir por ellos; visto desde el punto de vista crítico del adulto, se convierten en algo afectado que ayuda atrofiar la mente infantil, impidiendo su crecimiento.

– El uso de la pasiva refleja con la que se intenta dar más objetividad a lo expresado: *se ponen, se enseñan, se ha extendido.*

– Como el texto es en parte descriptivo, determinados sustantivos van acompañados, además de adjetivos calificativos, de proposiciones de relativo especificativas: *el mayoritario público español que jamás ha comprado un libro; cuentos de conejitos y estrellitas que difícilmente pueden despertar su curiosidad; las historias de pasiones reales que les muestra la televisión; la misma atención pasiva que consigue la televisión; la atención activa que exige la lectura donde se ponen en movimiento las facultades del alma...; los instrumentos que la civilización pone a nuestro alcance; el rendimiento de los instrumentos que llamamos nuevas tecnologías;* o explicativas: *el ordenador y sus derivados, que son meros instrumentos...,* que los complementan.

– Sintagmas o proposiciones coordinados, principalmente copulativos y, en menor medida, disyuntivos o adversativos: *acusamos a la escuela y a la familia; cuentos de conejitos y estrellitas; no parece ser despertar el interés por la lectura, sino simplemente entretener, tranquilizar y sumergir al niño en la pasividad; se ponen en movimiento las facultades del alma, imaginación, inteligencia, fantasía, ficción o abstracción; igual que, si no caminara ni corriera, no se desarrollarían sus músculos, no se sostendría en pie y acabaría en una silla de ruedas; conscientes quizás los maestros de que una máquina, la calculadora o la agenda, van a suplir en el futuro y en el presente las necesidades memorísticas más elementales].* Su principal misión es la suma o adición de ideas o la contraposición de estas; todo ello en función de la tesis que se defiende.

Rasgos léxico-semánticos

– El vocabulario se puede agrupar principalmente en tres campos semánticos: el de la educación y la cultura, el de las facultades del hombre, y el de las nuevas tecnologías.

– Palabras o frases relacionadas con el mundo de la educación y la cultura: *promoción de la cultura, escuela; fomento de la lectura; el objetivo de esos cuentos, interés por la lectura, entretener, tranquilizar y sumergir al niño en la pasividad; atención pasiva; atención activa; infancia, mundo propio* (cultural y real); *predicamento.*

– Palabras o frases relacionadas con las facultades humanas: *facultades del alma* (en varias ocasiones), *imaginación, inteligencia, fantasía, ficción o abstracción; la mente del niño alcanza la indiferencia; desarrollar la memoria; necesidades memorísticas.*

– Palabras o frases relacionadas con las nuevas tecnologías: *la máquina, la calculadora o la agenda; el ordenador y sus derivados; Internet; correo electrónico,* y su relación con la educación, la cultura y el desarrollo de las facultades humanas: *instrumentos para adquirir información y buen funcionamiento en materia de administración cultural, empresarial o doméstica; consulta; mensaje.*

Rasgos estilísticos

– Ya hemos apuntado que predomina en el texto el uso culto del lenguaje, pero como recurso estilístico, en un intento de acercamiento al lector, se emplean frases de uso coloquial: *se ha extendido la moda; cuentos de conejitos y estrellitas que difícilmente pueden despertar su curiosi-*

dad; son meros instrumentos; no es que me parezca bien sino que no hace falta exagerar; poner las cosas en su lugar nunca va mal.

- Contraposición de ideas: *El objetivo de esos cuentos de conejitos no parece ser despertar el interés por la lectura, sino simplemente entretener, tranquilizar y sumergir al niño en la pasividad, la misma atención pasiva que consigue la televisión, en contraposición con la atención activa que exige la lectura.* Del mismo modo se contraponen, en paralelo, los intrumentos que se utilizan para la promoción de la cultura: los cuentos de conejitos y estrellitas y las nuevas tecnologías. Si no potencian las facultades activas del niño/hombre son instrumentos vacíos de contenido e inútiles.
- Símiles o comparaciones con los que se quiere hacer más comprensible la tesis: *Sin desarrollar estas facultades pronto, la mente del niño alcanza la indiferencia, igual que, si no caminara ni corriera, no se desarrollarían sus músculos, no se sostendría en pie y acabaría en una silla de ruedas. Una consulta en Internet no es más que una consulta. El rendimiento de los instrumentos que llamamos nuevas tecnologías, será poco más que el de un juguete para niños expertos en aparatos.*
- Empleo de elementos anafóricos y deícticos que remiten a lo dicho anteriormente: *fomentar la lectura* (renglón 2) remite a *promoción de la cultura* (renglón primero); *cuentos de conejitos y estrellitas* (renglón 5) se relaciona con *fomentar la cultura* (renglón 2); *estas facultades* (renglón 13) y *estas facultades del alma* (renglón16), remiten a *las facultades del alma, imaginación, inteligencia, fantasía, ficción o abstracción* (renglones 11 y 12). *Tampoco se enseña* (renglón 19) nos hace volver al inicio del texto: *acusamos a la escuela y a las familias,* es una nueva imputación que, aunque parezca centrarse en la escuela al nombrarse a los maestros, se hace extensiva luego al resto de la sociedad al hablar de los ordenadores y sus derivados. *Poner las cosas en su lugar nunca va mal* se refiere a los ordenadores y sus derivados pero puede hacerse también extensivo a los cuentos de conejitos y estrellitas, por la estructura paralelística que tiene el texto.

4 Como en cualquier texto, la función representativa está presente puesto que se transmite una información. Pero sin duda, la función que prevalece es la apelativa porque Rosa Regás intenta convencer al lector de lo que expone e influir en su conducta, haciéndole asentir con sus opiniones y modificar su forma de pensar, si fuera necesario. Y puesto que desea persuadir a través de su escrito, cuida el estilo e intenta resaltar mediante recursos lingüísticos y literarios determinados elementos de este, algo típico de la función poética, aunque no es lo fundamental.

5 Respuesta libre. En textos anteriores hemos dado ya pautas que pueden ayudar al alumno a desarrollar con éxito un comentario crítico.

17

COMUNIDAD VALENCIANA

PRUEBA DE SELECTIVIDAD

ACLARACIONES PREVIAS

Elije una serie de cuestiones (Opción A u Opción B) y responda a solo dos de las cuatro propuestas en ella.

Duración del examen: 90 minutos.

CONTRA LA TRISTURA

¿Se deprimen las mujeres más que los hombres? Todos los estudios sobre la depresión que han cruzado el siglo registran una incidencia superior sobre el género femenino, tal como si las mujeres fueran más receptivas biológicamente a este mal. Los últimos datos arrojan dos mujeres deprimidas por cada varón, pero la proporción era incluso de cuatro a uno hace cincuenta años. Hace cincuenta años coincide, aproximadamente, con el fin de la Segunda Guerra Mundial o con el fin de la Guerra Civil española. Como los análisis se refieren al conjunto de Europa y Estados Unidos, podría deducirse que el mal coincidiría con el luto de numerosas viudas, novias, madres y hermanas. Los hombres deprimidos serían menos porque una buena parte de ellos habría muerto ya.

La psiquiatría rigurosa distingue, sin embargo, entre la depresión y la infelicidad o la tristeza. En la actualidad, la laxa disposición clínica a administrar fármacos contra cualquier muestra de aflicción hace que se venga a tratar lo mismo una depresión endógena que un duelo, una falta de sustancias bioquímicas que un trance melancólico. El médico moderno, inducido por la pragmática norteamericana, prescribe para curar el malestar, aliviar la desesperanza o sortear con celeridad el dolor. Lo importante en este expediente de la cura es devolver el individuo a la vida productiva y sin detenerse a considerar qué clase de sentimiento proviene de una patología y qué otro pertenece a la misma experiencia de vivir. Tratar de eliminar farmacológicamente el pesar por una muerte o un desamor resuena todavía como una maniobra de extirpación. Si de la vida se eliminara el afrontamiento de la adversidad, si los malos tragos se endulzaran todos, si se acortaran artificialmente o se abolieran los periodos de amargura, ¿quién puede asegurar que no se alteraría también nuestra capacidad para saber y querer? ¿Quién podría, en fin, garantizar que la memoria de nuestras vidas se correspondería con nuestras vidas?

Los psiquiatras más interesados por la condición humana afirman que si el número de mujeres deprimidas dobla hoy al de los hombres no es tanto por una filigrana hormonal como debido a una mayor ambición femenina por ser feliz. A las mujeres les importaría más la felicidad que a los hombres. Por una parte parecen experimentar, siendo madres, amando intensamente a sus amigas, compenetrándose mejor con la naturaleza, un gusto especial por vivir. Por otra, menos requeridas hasta ahora para cumplir con una idealizada meta profesional, detectarían menos esa clase de desengaños. Con esos ingredientes, las mujeres soportarían de peor manera la insatisfacción vital y reclamarían con incomparable ahínco el derecho a ser dichosas. Esto explicaría que, en los sondeos, se declararan, en legítima protesta, deprimidas y que acudieran más cargadas de razón y desenvoltura a las consultas de los psicólogos o los psiquiatras. En la misma línea, por el contrario, si los hombres deprimidos son censados en cantidad inferior obedecería a que o bien no toman en consideración tan grave sus tristezas o bien se avergüenzan de confesarse apesadumbrados y con escaso ánimo para bregar.

El mundo de la depresión puede representar en cada momento de la cultura el índice espontáneo que califica la calidad de la organización social. Más depresiones en nuestro tiempo se corresponden con más soledad, más déficits de autoestima, más sentimientos de culpa, peores adecuaciones a las metas, incrementos de ansiedad. Hace cuarenta años, Eric Fromm escribía que el poder procuraba insuflar sentimientos tristes en los ciudadanos porque así resultaban más fáciles de manipular. Pero ahora no hace falta que el poder despliegue esta estrategia. Está desplegada ya. La depresión es una de las tres grandes plagas de la época y tiende a convertirse en la primera. ¿Habrá que responder a esta invasión de tristura solo pidiendo hora, hombres y mujeres, en la Seguridad Social?

Vicente Verdú: El País, 23 de marzo de 2001.

Opción A

Cuestiones

1 Comentario crítico del texto (0-7 puntos).

2 Responda a solo dos de las cuatro cuestiones propuestas (0-1,5 puntos cada una):

2.1. Explique el significado en el texto del adjetivo *laxa* (línea 13) y proponga alguna expresión antonímica.

2.2. Explique el significado en el texto de los verbos *bregar* (línea 47) e *insuflar* (línea 53).

2.3. ¿Cuál es la actitud del autor manifestada en las oraciones *¿Se deprimen las mujeres más que los hombres?* (línea 1), *¿quién puede asegurar que no se alteraría también nuestra capacidad para saber y querer?* (líneas 26-27), *¿Quién podría, en fin, garantizar que la memoria de nuestras vidas se correspondería con nuestras vidas?* (líneas 27-28-29) y *¿Habrá que responder a esta invasión de tristura solo pidiendo hora, hombres y mujeres, en la Seguridad Social?* (líneas 57-58) ¿A qué tipo de oraciones pertenecen todas ellas?

2.4. ¿Por qué posee un valor anafórico la expresión *esta estrategia* (línea 55)? Indique cuáles son los elementos lingüísticos a los que dicha expresión hace referencia y a partir de los cuales reconocemos su significado.

Opción B

Cuestiones

1 Comentario crítico del texto (0-7 puntos).

2 Responda a solo dos de las cuatro cuestiones propuestas (0-1,5 puntos cada una):

2.1. Explique el significado en el texto de las expresiones *depresión endógena* (línea 15) y *trance melancólico* (línea 16).

2.2. Explique el significado en el texto del verbo *sortear* (línea 18) y proponga alguna expresión antonímica.

2.3. ¿Cuál es la modalidad oracional predominante en el texto en relación con la intención del autor? Justifique su respuesta transcribiendo al menos cuatro ejemplos de expresiones lingüísticas correspondientes a esa modalidad.

2.4. En algún lugar del texto llama la atención la actitud irónica de Vicente Verdú. ¿Cuál es ese lugar y de qué medios se sirve el autor para manifestar dicha actitud?

SOLUCIÓN DE LA PRUEBA

Opción A

1 Partiendo de estudios y encuestas, el autor reflexiona sobre el tema de la "depresión" humana y el tratamiento insuficiente que se da a esta enfermedad social, que beneficia al poder.

Es un texto **argumentativo** inductivo. A partir de una serie de reflexiones sobre la depresión, el columnista realiza una crítica al poder. Su estructura puede reflejarse así:

I. ¿Se deprimen más las mujeres que los hombres?
   - Conclusiones de los estudios realizados en el siglo pasado.
   - Observaciones a estas conclusiones (refutación).

II. La psiquiatría rigurosa distingue entre depresión, infelicidad y tristeza.
   - La medicina actual trata estas "dolencias" con fármacos.
   - Observaciones al tratamiento con fármacos (refutación).

III. La opinión de los psiquiatras interesados por la condición humana:
   - Causas por las que el número de mujeres deprimidas duplica al de los hombres.
   - Explicación de por qué en los sondeos se contabilizan más mujeres deprimidas que hombres (argumento de apoyo y refutación).

IV. Tesis: la depresión representa el índice de la calidad de la organización social. El poder se beneficia de ella; la Seguridad Social no puede solucionarla.

Comentario crítico del texto

Se inicia el texto con la pregunta de si las mujeres son más susceptibles que los hombres a las depresiones. De los estudios realizados en el siglo XX parece desprenderse la posibilidad de que biológicamente las mujeres estén más predispuestas a esta enfermedad. Pero el autor no se queda en la mera estadística y analiza por qué hoy por cada hombre deprimido existen dos mujeres y por qué hace cincuenta años esta proporción era aún mayor, llegando a la conclusión de que la explicación a estos datos no se encuentra en lo biológico sino en lo político-social: las guerras influyeron de forma muy directa en este resultado. De esta forma se anula o refuta que lo biológico tenga nada que ver con la mayor o menor incidencia de este mal.

En segundo lugar se analiza lo que dice la ciencia: la psiquiatría rigurosa establece la diferencia entre depresión, infelicidad o tristeza; tres males distintos, aunque puedan estar relacionados entre sí por sus síntomas parecidos. Sin embargo, en la actualidad los médicos, más preocupados por la productividad del individuo que por su propio bienestar olvidan el componente psicológico que tiene toda enfermedad y se limitan a recetar fármacos que devuelven al enfermo a su trabajo sin atacar el mal. En realidad no se hace solo una crítica a los médicos sino a toda la sociedad y al poder que, preocupados únicamente por lo material olvidan el componente humano: el "alma" y los sentimientos de las personas, convirtiéndolas en un mero engranaje de la producción. Para el autor, los sentimientos (pesar, desamor, afrontamiento de la adversidad, malos tragos o amargura) forman parte de la esencia humana; ignorarlos o pretender anularlos mediante fármacos no es otra cosa que una amputación de su propia esencia. Se refuta, pues, la opinión y actuación de los médicos, el poder y la sociedad, y se refuerza el juicio de la psiquiatría rigurosa que coincide con el del escritor.

En paralelo al médico moderno se sitúa, en el tercer párrafo, la figura del psiquiatra –obsérvese que médico está en singular mientras que ahora se habla de psiquiatras, en plural- interesado por la condición humana: su interpretación de la estadística (que haya doble mujeres deprimidas que hombres) y el análisis que hace de los síntomas de la enfermedad es totalmente diferente al del médico, como también lo son sus conclusiones: las mujeres son más exigentes que los hombres, reclaman la felicidad por encima de la profesionalidad, de ahí que manifiesten más sus tristezas y pesadumbres porque para estas lo sentimental es prioritario y no se avergüenzan de ello. Esta visión es, evidentemente, compartida por el autor que, implícitamente, vuelve a defender que el hombre es cuerpo y espíritu (la opinión de los psiquiatras sirve de argumento de apoyo para su teoría) y no mera materia (refutación de la opinión del médico actual).

El último párrafo muestra la tesis del autor, extraída de todo lo expuesto anteriormente como una consecuencia lógica: la depresión es un síntoma de la mala calidad de la organización social. La soledad, la falta de autoestima, el sentimiento de culpa, la inadecuación a las metas y la ansiedad la generan hoy al igual que las guerras (Mundial y Civil) la generaron hace cincuenta años; no es pues una enfermedad personal sino social que el poder aprovecha para manipular al ciudadano y tenerlo dominado. De ahí que no se interese por acabar con esta plaga que lo hace vulnerable y que ponga como único remedio la Seguridad Social. Lo que en un principio era, aparentemente, solo una reflexión sobre la depresión, se convierte así en una crítica al poder –reforzada con el argumento de opinión de Eric Fromm-, que favorece la infelicidad del ciudadano para poderlo manipular.

Con este artículo periodístico de opinión, publicado en *El País,* el columnista Vicente Verdú nos invita a reflexionar sobre lo que él define como una de las tres grandes plagas actuales que sufre la humanidad, pero, sobre todo, va dirigido a despertar la conciencia social contra el "poder" que favorece este mal de la tristura como arma política. Es un artículo que pone de manifiesto una visión subjetiva de la realidad con el deseo de crear opinión y hacer entre los lectores adeptos a ella. El periódico no se hace responsable de las opiniones de sus columnistas, pero es evidente que lo expuesto en este artículo está en la misma línea de pensamiento que la que manifiesta habitualmente este diario. Predomina, por tanto, la función apelativa del lenguaje, aunque también son importantes las funciones representativa y expresiva y, en menor medida, la poética. El nivel de uso lingüístico es del español culto.

Este texto está condicionado por el medio en el que se difunde: su extensión está predeterminada puesto que el columnista tiene asignado un espacio concreto dentro de una página cuyos límites no puede sobrepasar. El columnista debe atraer la atención del lector buscando un tema atractivo y de actualidad, utilizando elementos lingüísticos que causen extrañeza y despierten el interés de este por la lectura del artículo de opinión; lo que condiciona el vocabulario elegido por el autor, que tiende a ser culto o poco habitual, además de dar cabida a vocablos propios de determinadas ciencias, aunque estas sean más o menos familiares al lector: *tristura, incidencia, varón, laxa, fármacos, aflicción, endógena, trance, depresión, psiquiatría, hormonal,* etc.

El texto es también sugestivo, como se puede percibir al inicio del texto con la oración interrogativa: *¿Se deprimen las mujeres más que los hombres?,* que atrae la atención y curiosidad de este y lo anima a leer la columna, o las oraciones interrogativas retóricas: *¿Quién puede asegurar que no se alteraría también nuestra capacidad para saber y querer? ¿Quién podría, en fin, garantizar que la memoria de nuestras vidas se correspondería con nuestras vidas?* El período oracional es breve y tiende a ser poco complicado para facilitar la comprensión del contenido al lector, por esto abundan:

– las proposiciones coordinadas: *Los últimos datos arrojan dos mujeres deprimidas por cada varón, pero la proporción era incluso de cuatro a uno hace cuarenta años; lo importante en este expediente de la cura es devolver al individuo a la vida productiva y sin detenerse a considerar qué clase de sentimiento proviene de la patología y qué otro pertenece a la misma experiencia de vivir; la depresión es una de las grandes plagas de la época y tiende a convertirse en la primera* y distributivas: *por una parte parecen experimentar... por otra...*

– las proposiciones comparativas: *¿Se deprimen las mujeres más que los hombres?; a las mujeres les importa más la felicidad que a los hombres* y condicionales: *si de la vida se eliminara el afrontamiento a la adversidad, si los malos tragos se endulzaran todos, si se acortaran artificialmente o se abolieran los períodos de amargura...*

– las estructuras bimembres, trimembres o plurimembres: *el mal coincidiría con el luto de numerosas viudas, novias, madres y hermanas; hace que se venga a tratar lo mismo una depresión endógena que un duelo, una falta de sustancias bioquímicas que un trance melancólico; prescribe para curar el malestar, aliviar la desesperanza o sortear con celeridad el dolor; ¿quién puede asegurar que no se alteraría también nuestra capacidad para saber y querer?*

2 **2.1.** *Laxa:* floja, relajada.

Antónimos: la rígida (rigurosa, severa) disposición clínica a administrar fármacos.

2.2. *Bregar:* luchar o trabajar afanosamente para superar las dificultades, riesgos y penalidades de la vida.

Insuflar: introducir, impulsar, inyectar.

2.3. Son oraciones interrogativas directas, preguntas retóricas que escribe Vicente Verdú sin ánimo de recibir respuesta por parte del lector: primero, porque la comunicación directa entre ambos no existe al no estar emisor y receptor en contacto directo en el mismo momento –el lector lee el periódico bastante tiempo después de que el periodista haya enviado su artículo a la redacción del diario para que se publique- y segundo porque dentro de la misma pregunta está implícita ya la respuesta que el propio autor da a cada una de estas preguntas y que, se supone, el lector comparte.

2.4. Posee un valor anafórico porque hace referencia a un elemento anterior, en este caso a la proposición de infinitivo: *insuflar sentimientos tristes en los ciudadanos* que funciona como CD de *procuraba.*

Esta estrategia es un sintagma nominal que hace la misma función sintáctica (CD) con respecto al verbo *desplegar.*

El poder es el sujeto de *procurar, insuflar* y *desplegar.*

Diseño de cubierta
Taller Universo: M. Á. Pacheco y J. Serrano

Coordinación editorial
Georgina Villanueva

Edición
Carmen Carrasco
Silvia Serrano
Mª Dolores Gijón
Laura Prados

Equipo técnico
Maquetación: Elena Cofiño
Corrección: Mercerdes Pérez

Juan Ignacio Luca de Tena, 15 - 28027 Madrid - Depósito legal: B - 44.298 - 2001 - ISBN: 84-667-1298-4 - Printed in Spain - Imprime: Cayfosa-Quebecor - Ctra. de Caldes, km. 3 - 08130 Sta. Perpètua de Mogoda (Barcelona).